LAMP WORKBOOK
PART 4 IE Information Processing Enhancement Program

정보처리 능력
향상 프로그램

박동혁 저

KB124571

학지사

LAMP
WORKBOOK

수많은 색과 특징을 가진 씨줄과 날줄이 얽히고설켜 옷 한 벌이 만들어지듯이, 학업성취 역시 한 개인이 가지고 있는 다양한 특성들의 복잡한 조합에 의해 결정됩니다. 이 중에는 지능이나 환경 혹은 기질과 같이 비교적 변화의 폭이 좁은 결정적 요소도 있고, 기초학습이나 공부습관 동기수준과 같이 경험에 의해 결정되는 요소도 있습니다. 결국 공부를 잘하고 못하는 것은 이런 요소들이 상호작용한 총량으로서의 학습능력에 의해 좌우되는 것입니다.

그런데 우리가 주목해야 할 보다 중요한 사실은 학업성취는 명백히 '능력'보다 '태도'가 결정한다는 점입니다. 학습 문제를 가지고 있는 많은 학생들은 '능력' 그 자체의 결핍보다는 그 능력을 제대로 활용하지 못하거나 인식하지 못하는 문제를 안고 있습니다. 오늘날 우리가 학습에 있어 가장 중요한 요소로 인식하고 있는 '자기주도적 학습'은 '능력'의 문제가 아니라 '태도'의 문제를 강조하고 있음을 기억해야 합니다.

MLST는 그 변화의 여지를 찾고자 만들어진 검사로, 학습의 능력과 태도에 있어 변화할 수 있는 간격의 크기를 확인해 줍니다. 오른손잡이가 다음 날 왼손잡이가 되는 것 같은 변화는 일어나지 않지만, 연습을 통해 오른손이 하던 일을 더 잘하게 하고 왼손이 못하던 일을 조금 더 할 수 있게 만들 수는 있습니다. 공부습관도 마찬가지입니다. 조금 더 잘하게 만들 수 있는 그것을 하지 않고 있는 것은 아닌지 고민해 보아야 합니다.

'작은' 변화라는 것이 정말 작은 것일까요? 수백수천 번 반복된 습관을 바꾼다는 것은 매우 어려운 일입니다. 하지만 그 작음이 우리의 삶을 바꾸는 계기가 된다면, 우리는 그 작음을 '적극적으로' 찾아야 하고 별것 아닌 것 같은 변화를 위해 '꾸준히' 노력해야 합니다.

이 변화의 과정을 인도해 주는 프로그램이 있다면 변화의 속도는 더욱 빨라질 것입니다. 본 교재의 정식 명칭은 LAMP(Learning Ability Management Program) 워크북이며, 학습전략의 변화를 기본 목표로 구성되어 있습니다. 총 20회기(회기당 2시간 소요)의 프로그램이 크게 5개의 주제로 나뉘어 있습니다. 각 주제는 다음과 같습니다.

I. 동기 및 목표 향상 프로그램
ME 프로그램: Motivation Enhancement

: 동기향상을 위해 장기목표(진로탐색)와 단기목표(성적목표)를 내담자의 상황에 가장 적합하게 결정할 수 있도록 도와줍니다. 구성 내용에는 진로탐색을 위한 자기이해, 진로탐색검사의 활용, 진로의사결정, 진로 포트폴리오 만들기가 있습니다.

II. 시간관리 능력 향상 프로그램
TE 프로그램: Time management Enhancement

: LAMP 플래너를 기반으로 내담자의 목표설정과 실행능력, 계획능력을 향상시키는 다양한 기법을 배우고 훈련합니다. 구성 내용에는 시간관리의 문제점 파악하기, 시간관리의 핵심원칙 이해, 계획표 구성 훈련, 실천력 증진 전략이 있습니다.

III. 집중력 향상 프로그램
CE 프로그램: Concentration Enhancement

: 집중력을 극대화할 수 있는 다양한 기법들을 다룹니다. 구성 내용에는 학습환경의 구성, 수면과 컨디션 조절, 집중향상 전략, 수업 중 집중전략이 있습니다.

IV. 정보처리 능력 향상 프로그램
IE 프로그램: Information process Enhancement

: 상위인지전략(Meta-Cognition)을 기반으로 한 학습전략을 주제별로 다루게 됩니다. 구성 내용에는 노트필기 기술, 책읽기 기술, 기억전략, 기억술이 있습니다.

V. 시험준비 능력 향상 프로그램
EE 프로그램: Examination preparation Enhancement

: 시험을 체계적으로 준비하는 능력을 향상시키기 위한 기법들을 다룹니다. 구성 내용에는 시험준비의 기본 원칙, 시험계획 세우기, 시험불안 줄이기, 오답노트의 활용방법이 있습니다.

2010년 이 책이 소개된 이후 많은 학생들에게 이 프로그램의 내용이 적용되고 검증되었습니다. 또한 학습클리닉 전문가 과정을 통해 현장에서 적용하고 계신 많은 선생님들의 피드백을 통해, 다음과 같이 내용을 수정 · 보완하여 2014년 새롭게 출간하게 되었습니다.

첫째, 주제의 재구성; 자기주도학습 프로그램의 핵심 구성요소를 재검토하여 기존 프로그램에서 적용 효과가 낮다고 판단된 내용들을 삭제하고, 현장 검증을 통해 확인된 보다 구체적이고 효과적인 내용들로 재구성하였습니다. 이를 통해 전체 프로그램 내용의 약 40% 정도가 수정 및 보완되었습니다. 또한 기존 프로그램의 분량이 다소 많아서 학교 현장에서 적용이 어렵다는 피드백을 토대로 각 회기를 2시간 안에 여유 있게 진행할 수 있도록 핵심 내용 위주로 정리하였습니다.

둘째, 사용의 용이성; 프로그램의 흐름과 역동을 쉽게 이해할 수 있도록, 교사용 지침서의 각 페이지 우측 상단에 해당 과제의 단계를 이니셜로 표시하였습니다. 또한 해당 과제의 적절한 소요 시간을 분 단위로 표시했습니다. 예들 들어, 'A1 10m'라는 표시는 '인식단계의 첫 번째 과제이며 약 10분 정도가 소요됨'을 뜻합니다. 각 단계의 의미는 다음과 같습니다.

① Awareness(인식단계, 교재에는 ❓ 아이콘으로 표시); 해당 주제의 필요성과 문제점을 통찰하는 과정으로 회기 초반에 주로 구성되며 상담적 기법(Counselling)이 적용되는 단계.
② Choose alternatives(대안탐색 단계, 교재에는 ❗ 아이콘으로 표시); 문제점에 대한 인식을 토대로 이에 대한 효과적 해결책을 배우고 이해하는 단계로 회기 중반에 구성되며 교육적 기법(Education)이 적용되는 단계.
③ Take action(연습/훈련 단계, 교재에는 ✅ 아이콘으로 표시); 문제해결을 위한 대안을 적용하고 연습하는 단계로 주로 회기 후반부에 구성되며 훈련 기법(Training)이 적용되는 단계.

셋째, 각 프로그램 관련 이론 추가; 교사나 학습클리닉 전문가가 각 프로그램을 좀 더 깊이 이해하여 학생들의 학습전략의 변화를 이끌 수 있도록 프로그램과 관련한 주요 이론들을 간략하게 정리하여 교사용 워크북에 추가하였습니다.

넷째, 디자인 교체; 구성의 통일감을 높이고 학생들의 흥미를 높이기 위해 전체 삽화를 주제별로 정리해 500여 개 이상의 컬러 일러스트레이션으로 대체하고, 편집 디자인도 재구성하였습니다.

본 교재는 지난 1999년도부터 현재까지 마음과배움 연구진에 의해 수행된 200건 이상의 집단상담과 800례 이상의 개인상담 결과를 토대로 개발, 검증된 내용을 담고 있습니다. 앞으로도 지속적인 개정과 수정을 통해 국내에서 가장 정교한 학습프로그램이 되도록 발전시킬 예정입니다.

마음은 배움의 힘을, 배움은 마음의 힘을 키워 줍니다. 우리는 그 힘을 믿습니다.

심리학 박사 박동혁

CONTENTS

▶ **정보처리 능력 향상 프로그램의 이론적 배경**

I 정보처리와 기억

1. 정보처리이론이란 무엇인가 .... ②
   1) 정보처리이론(information processing theory)의 정의 ...... ②
   2) 정보처리이론의 구성 요소 .... ②
2. 기억의 절차 .... ③
   1) 정보저장소 .... ③
   2) 인지적 과정 .... ⑤
3. 기억의 유형과 망각 .... ⑥
   1) 장기기억 .... ⑥
   2) 망각 .... ⑦
4. 장기기억 저장에 영향을 주는 요인 .... ⑧
   1) 작업기억 .... ⑧
   2) 사전지식 .... ⑧
   3) 사전 오개념 .... ⑧
   4) 기대 .... ⑨
   5) 언어화 .... ⑨
   6) 실행 .... ⑨
   7) 반복과 검토 .... ⑩

II 기억 향상 전략

1. 메타인지란 무엇인가 .... ⑪
   1) 메타인지(meta-cognition)의 정의 .... ⑪
   2) 학습에 있어서의 메타인지 과정 .... ⑪
2. 메타인지와 효과적인 기억전략 .... ⑫
   1) 유의미학습(meaningful learning) .... ⑫
   2) 정교화(elaboration) .... ⑫
   3) 조직화(organization) .... ⑬
   4) 시각적 심상 .... ⑮
   5) 기억술 .... ⑯
3. 책 읽기 기술과 노트필기 .... ⑰
   1) PQ4R .... ⑰
   2) 노트필기 .... ⑲

▶ 정보처리 능력 향상 프로그램

1

문제집도 되고 참고서도 되는 나만의 노트 만들기

노트필기 기술

👉 들어가기		10
❓ 노트필기 체크리스트		11
❓ 내 노트는?		12
❓ 노트필기는 왜 해야 할까요?		13
❓ 스스로 작성한 노트의 장점		14
❗ 노트필기 유형		15
❗ 좋은 노트의 특징		16
❗ 효과적인 노트양식		17
❗ 노트 작성 예시		21
✅ 노트 작성 연습		24
❗ 노트를 활용한 복습법		27
🔔 회기요약		29
📖 과제		30

2

읽은 내용을 내 것으로 만드는 책읽기 방법

효과적인 책읽기 기술

👉 들어가기		32
❓ 책읽기 체크리스트		33
❓ 자신의 책읽기 능력을 어느 정도라고 생각하나요?		34
❓ 다음의 책은 어떤 방식으로 읽는 것이 좋을까요?		34
❓ 책읽기 상식 퀴즈		35
❓ 간단한 책읽기 연습		36
❗ 책읽기의 단계		38
❗ 책읽기 1단계 : 훑어보기 Preview		39
❗ 책읽기 2단계 : 질문하기 Question		40
✅ 책읽기 연습 : 훑어보기 + 질문하기		41
❗ 책읽기 3단계 : 읽기 Read		42
✅ 책읽기 연습 : 읽기		43
❗ 책읽기 4단계 : 암송하기 Recite		45
❗ 책읽기 5단계 : 복습하기 Review		45
✅ 책읽기 연습 : 암송하기 + 복습하기		46
🔔 회기요약		47
📖 과제		48

3

습관만 바꿔도 기억력이 높아진다!

기억력 향상 전략

☞ 들어가기 　　　　　　　　　　　　　　　　　　　　　　50

❓ 기억 습관 체크리스트 　　　　　　　　　　　　　　　　51

❓ 기억이 잘될 때 vs 안될 때 　　　　　　　　　　　　　52

❓ 기억력 TEST! 　　　　　　　　　　　　　　　　　　　53

❗ 기억이란? 　　　　　　　　　　　　　　　　　　　　　55

❗ 기억의 종류 　　　　　　　　　　　　　　　　　　　　56

❗ 기억의 한계 　　　　　　　　　　　　　　　　　　　　58

❗ 기억의 효율을 높이는 5단계 　　　　　　　　　　　　60

　　1단계　"들어오지 않으면 나갈 것도 없어요!" 　　　　61

　　2단계　"처음에 잘못 배우면 엉뚱한 내용만 기억나요!" 　62

　　3단계　"마구잡이로 섞어 놓으면 찾아낼 수 없어요!" 　63

　　4단계　"망각을 이기는 반복의 힘!" 　　　　　　　　64

　　5단계　"잘 외워지지 않는 내용은 이렇게 해보자!" 　　65

✔ 실전연습 　　　　　　　　　　　　　　　　　　　　　66

🔔 회기요약 　　　　　　　　　　　　　　　　　　　　　69

📖 과제 　　　　　　　　　　　　　　　　　　　　　　　70

4

암기의 달인이 되는 방법

기억술의 이해와 적용

☞ 들어가기 　　　　　　　　　　　　　　　　　　　　　72

❓ 기억술 체크리스트 　　　　　　　　　　　　　　　　　73

❓ 나는 평소 어떤 기억의 기술을 사용하고 있나요? 　　　74

❗ 기억의 기술이란? 　　　　　　　　　　　　　　　　　75

❗ 기억술의 실제 　　　　　　　　　　　　　　　　　　　76

　　심상법 I : 장소법 　　　　　　　　　　　　　　　　　76

　　심상법 II : 페그워드(pegword)법 　　　　　　　　　　77

　　조직화 기법 　　　　　　　　　　　　　　　　　　　79

　　머릿글자 암기법 　　　　　　　　　　　　　　　　　82

　　연속으로 이어서 외우기 방법 　　　　　　　　　　　84

✔ 기억술의 적용 　　　　　　　　　　　　　　　　　　　86

　　기억술의 적용 1 : 영어 단어 외우기 　　　　　　　　86

　　기억술의 적용 2 : 이미지 기억술 　　　　　　　　　88

　　기억술의 적용 3 : 이미지 기억술 　　　　　　　　　91

🔔 회기요약 　　　　　　　　　　　　　　　　　　　　　94

📖 과제 　　　　　　　　　　　　　　　　　　　　　　　95

정보처리 능력 향상
프로그램의 이론적 배경

I 정보처리와 기억

1. 정보처리이론이란 무엇인가

1) 정보처리이론(information processing theory)의 정의

효과적으로 학습하기 위해서는 학습상황에서 두뇌가 어떻게 활동하는가를 아는 것이 유익하다. 정보처리이론은 자극이 어떻게 우리 기억체계 속에 입력되고, 저장을 위해 선택되고 조직되어 저장되는지, 어떻게 기억에서 인출되는지를 설명하는 인지학습이론이다. 즉, 기억의 구조와 과정을 탐구하는 이론으로, 컴퓨터의 정보처리 과정에 인간의 정신과정을 비유한 것이다. 컴퓨터와 인간 모두 정보를 받아들이고 저장하고 지식을 인출하며 결정을 내린다. 컴퓨터도 인간이 하는 것처럼 기호를 입력하고, 연산자를 사용하고 산출물(output)을 만들어 낸다. 예를 들어, 수학문제를 풀 때 인간은 숫자와 문자를 기호로 사용하고(입력), 문제를 풀며(연산), 해답을 만든다(출력). 여기에서 컴퓨터의 기호는 전자(electron)이고 사람의 기호는 문자와 언어, 숫자라고 할 수 있다.

2) 정보처리이론의 구성 요소

정보처리모델은 아래 그림과 같이 외부에서 입력된 정보가 어떻게 두뇌에서 처리되고 기억되는지 설명할 수 있다. 이 모델에서는 기억체계를 세 개의 단계로 구분하여 설명한다. 외부에서 들어온 정보는 **감각등록기**를 거쳐 **단기기억(작업기억)**에 이른다. 단기기억에서 처리된 정보는 영구적인 저장고인 **장기기억**에 저장된다. 그리고 이렇게 장기기억에 저장된 정보는 필요할 때 다시 단기기억(작업기억)으로 인출되어 사용된다.

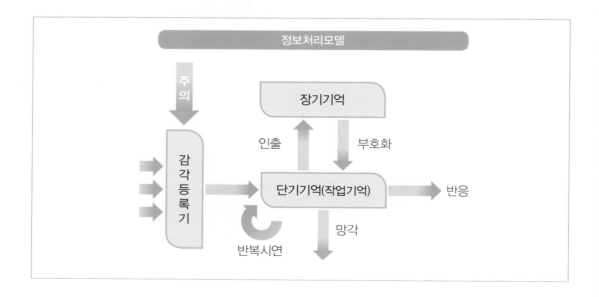

정보처리모델

주의

장기기억

인출   부호화

감각등록기 → 단기기억(작업기억) → 반응

반복시연   망각

정보처리모델은 정보저장소, 인지과정, 메타인지라는 세 가지 중요 구성요소를 갖는다.

(1) 정보저장소(information store)

정보를 유지하는 창고로, 컴퓨터의 주기억 장치와 하드드라이브와 유사하다. 정보처리모델에서 정보저장소는 **감각등록기**(sensory register), **작업기억**(working memory), **장기기억**(long-term memory)이다.

(2) 인지과정(cognitive process)

정보를 변화시키고 한 저장소에서 다른 저장소로 정보를 옮기는 처리작용을 말한다. 인지과정은 **주의집중, 지각, 시연, 부호화**와 **인출** 등의 처리과정과 실행적 통제과정을 포함한다. 이는 컴퓨터에서 정보를 처리하는 프로그램 즉, 소프트웨어에 비유할 수 있다.

(3) 메타인지(meta-cognition)

개인의 인지과정에 대해 자각하고 그 과정을 조절하는 능력이다. 예를 들어, 한 학생이 수업을 듣다가 '지금 필기를 하지 않으면 나중에 내용을 기억할 수 없을 것 같다'고 자신의 기억력에 대한 수준을 자각하고 필기를 통해 자신의 부족한 기억능력을 조절할 수 있다고 생각한 사고활동이 메타인지 활동이라고 할 수 있다(메타인지에 대해서는 후반부에서 더 자세히 다룰 예정).

2. 기억의 절차

1) 정보저장소

(1) 감각등록기(sensory register)[1]

뇌는 우리가 보고, 듣고, 냄새 맡고, 맛보고, 만지는 등과 같은 감각을 통해 들어오는 모든 것을 기록하여, 감각등록기라 불리는 일시적인 기억저장소에 정보를 담아두는데, 자극을 아주 정확하게 저장하지만 그곳에서는 정보를 매우 짧은 시간 동안만(시각: 1초 이내, 청각: 2~4초 이내) 저장한다는 특징이 있다. 감각기억은 환경으로부터 얻어진 정보가 잠깐 머무는 정거장으로 비유할 수 있다. 감각등록기는 용량이 매우 크지만 감각등록기에 유입된 자극 중 주의를 기울인 정보만 다음 정보처리 단계로 넘어가고 많은 것들이 자연적으로 소멸된다. 따라서 잘 기억하려는 내용은 처음부터 주의를 기울여서 입력해야 한다.

(2) 단기기억(short-term memory)

Atkinson와 Shiffrin(1968)은 정보가 처리될 수 있도록 그 정보에 주의집중한 후에 짧은 시간 동안 정보를 붙잡아 두는 저장 기제를 부르기 위해 단기기억이라는 용어를 사용했다. 단기기억은 일

---

1 감각기억(sensory memory)이라고도 한다.

시적인 저장소다. 즉, 성인의 경우는 보통 5~9개의 정보가 약 30초 동안 저장될 수 있는 곳이며, 이렇듯 단기간 저장이 가능하다는 이유로 단기기억이라고 부른다.

단기기억은 일종의 **작업기억**(working memory)이다. 작업기억이란 간단히 말하면 자각(awareness), 즉 어떤 한순간에 의식할 수 있는 정보기억이라고 할 수 있다. 현재 대부분의 이론가들은 이 기억요소가 인지적 처리 자체가 일어나는 곳이라고 믿고 있고, 따라서 단기기억보다는 작업기억이라는 용어를 많이 사용하고 있다.

작업기억에서는 앞에서 언급했듯이, 우리가 현재 사용하고 있는 제한적인 수의 정보만을 유지할 수 있으며, 반복하여 시연하지 않으면 30초 내에 상실되어 버린다. 작업기억은 의도적인 사고활동이 일어나는 곳이다. 우리는 감각기억이나 장기기억의 내용이 작업기억 속에 들어오기 전까지 그 내용을 알지 못한다.

단기기억의 특징

- 단기기억은 지속시간이 대단히 제한적이다.
- 단기기억은 용량이 제한적이다(7±2).
- 단기기억의 정보는 연속적인 주사(successive scanning)를 통해 인출된다.
- 통제/실행 과정(시연, 예측, 점검, 관리)은 단기기억 내에서의 정보처리뿐만 아니라 단기기억 안팎으로 지식이 이동하는 것을 통제한다.

(3) 장기기억(long-term memory)

무한한 정보를 영구적으로 저장할 수 있는 곳이며, 우리가 일반적으로 기억이라 할 때 그것은 장기기억을 의미한다. 인지처리 과정을 거친 단기기억은 장기기억으로 옮겨 가는데, 장기기억의 용량은 대단히 크며 장기기억의 정보는 대개 언어적인 형태로 부호화된다. 학습한 내용을 기억하지 못하는 것이 장기기억에 있는 정보가 영구적으로 상실되기 때문인지, 적절한 인출단서를 찾지 못하기 때문인지는 논란이 많지만, Atkinson & Shiffrin의 모델에서는 장기기억에 있는 기억은 비교적 영속적이며 거의 상실되지 않는다고 본다. 단기기억에 있는 정보는 장기기억에서 활성화된 지식에 통합되어 장기기억으로 옮겨 간다.

장기기억의 특징

- 장기기억은 용량이 무제한적이고, 쉽게 망각되지 않으며 주로 어의적(semantic) 부호로 저장되는데, 주로 청각적 부호로 저장되는 단기기억과 구분된다.
- 장기기억의 정보는 연합적 구조로 표상된다. 어떤 아이디어를 보다 자주 접할수록 기억에서의 표상은 더 강력해지며, 두 가지 경험이 시간적으로 인접하여 일어날수록 둘 간의 관련성은 더욱 강력해진다. 따라서 하나가 기억되면 다른 것이 활성화되기 쉽다.
- 장기기억 안의 정보는 다양한 방식으로 부호화된다. 예를 들어, 언어는 정보를 저장하기 위한 하나의 기초를 제공하고, 감각 이미지는 다른 기초를 제공하고, 비언어적 추상관념과 의미, 말하자면 세계에 대한 일반적 이해는 또 하나의 기초를 제공한다. 결국 사람들은 문자 그대로의 문장이나 정확한 정신적 이미지를 기억하기보다는, 독특한 해석과 실재에 대한 작거

나 중대한 왜곡을 하면서 그들이 보고 들은 것의 골자를 기억하는 경향이 있다.
● 사람들이 장기기억 안에 정보의 조각들을 저장하는 방식이 많을수록, 정보가 필요할 때 그 정보를 더 쉽게 인출할 수 있게 된다.

2) 인지적 과정

(1) 주의(attention)

감각등록기에 들어와 있는 정보에 얼마나 주의를 기울이느냐에 따라 그 정보가 단기기억으로 넘어갈 가능성이 달라진다. 그리고 대부분의 새로운 모든 자극들은 정향 반응(orienting response)[2]을 불러일으킨다. 정향 반응에는 몸의 자세, 시선방향, 뇌파, 동공팽창 및 기타 심리적, 생리적 반응들의 변화가 수반된다. Calfee(1976)는 주의력의 세 가지 측면으로 기민성, 선택성, 집중성을 들고 있다. 그중에서도 집중성은 가장 두드러지는 특징이다.

(2) 지각(perception)

지각이란 우리가 감각기관을 통해 받아들인 정보에 의미나 해석을 부여하는 과정이다. 지각은 객관적 실재와 우리의 기존 지식에 근거하여 구성되기도 한다. 자극에 대한 지각은 직선적이지 않고 우리 자신의 과거경험, 지식, 동기, 기대, 그 밖의 다양한 요인들에 의해 영향을 받게 된다. 예를 들어, 골프공을 보고 우리가 골프공이라고 알 수 있는 것은 이전에 골프공을 눈에 익혔기 때문이다. 이것은 이전에 습득한 다양한 정보에 따라 우리가 어떤 대상에 부여하는 의미가 다를 수 있음을 보여 준다. 지각은 또한 우리가 가지고 있는 기대에 따라서도 영향을 받는다.

(3) 시연(rehearsal: 반복, 복창, 암송)

시연은 유입된 정보 형태를 변화시키지 않고, 소리 내어 말해 보거나 마음속으로 되뇌는 것을 반복하는 과정이다. 시연은 정보를 반복하고 있는 동안 단기기억에 그 정보를 계속 보유할 수 있게 한다. 단기기억에서 활성화된 정보를 20초 이상 보유하거나 다음 단계인 장기기억으로 정보를 이동하기 위해서는 그 정보를 계속 정신적으로 시연해야 한다. 단기기억은 일시적으로 한정된 수의 정보밖에 처리할 수 없기 때문에 유입된 정보를 시연하지 않는다면 그 정보가 장기기억으로 넘어가지 못하고 단기기억에서 사라지게 된다. 시연을 할 때는 특히 학습자의 역할이 중요하다. 따라서 교사들은 수업을 할 때 학생들이 시연을 할 수 있도록 충분한 시간을 주어야 한다. 또 너무 많은 정보를 한꺼번에 제시하게 되면 학생들이 각각의 새로운 정보들을 정신적으로 시연할 시간을 충분히 가질 수 없게 되어 나중에 유입되는 새로운 정보가 이전에 유입된 정보를 단기기억에서 밀어내게 된다. 이러한 시연은 작업 기억에서 의도한 목적을 달성할 때까지만 하게 된다.

---

2 인간을 포함한 동물은 새로운 자극이 주어지면 그쪽을 바라보거나 몸을 튼다. 자극이 어느 쪽에서 오며, 그에 따라 다가올 위험을 감지하고 예방하기 위한 것이다. 일종의 생존반응이라고 할 수 있다. 이를 심리학에서는 정향반응(orienting response)이라고 한다.

(4) 부호화(encoding)

어떤 정보는 시연에 의해 장기기억에 저장될 수 있지만 대부분의 정보는 부호화에 의해 장기기억으로 옮겨진다. 부호화는 정보에서 몇 가지의 특징을 추출해 내고 그것에 상응하는 기억흔적을 만드는 과정으로 새로운 정보가 장기기억에 이미 존재하는 조직화된 정보에 연합되도록 하는 것이다. 정보의 부호화 과정을 향상시킬 수 있는 방법에는 정교화와 조직화가 있다.

(5) 인출(retrieval)

인출은 장기기억으로부터 작업기억으로 정보를 이동하는 것으로, 장기기억에 저장된 정보를 사용하기 위해서는 필요한 정보를 인출해야 한다. 인출의 양과 질은 부호화, 정교화, 조직화가 얼마만큼 주의 깊게 이루어졌느냐에 따라서 달라진다.

3. 기억의 유형과 망각

1) 장기기억

(1) 일화기억(episodic memory)

구체적 경험에 대한 기억으로 자신이 경험한 시간, 장소, 상황 등에 대해서 기억하는 것을 말한다. 즉, 일화기억은 우리에게 일어났던 사건의 기억에 초점을 맞춘다. 일화기억은 우리가 삶 속에서 이미 발생했던 일화들(episodes)을 재경험하기 위해 주관적 시간을 거꾸로 거슬러 가게 해 준다. 여기에는 10여 년 전에 발생한 사건에 대한 기억뿐만 아니라 10분 전에 있었던 대화 내용의 기억도 포함된다.

(2) 의미기억(semantic memory)

기억할 내용의 의미, 관계 등을 기억하는 것으로, 대부분의 학습내용이 의미기억에 해당된다. 예를 들어, 수업시간에 한국 지리의 특징에 대해 설명을 듣고 그 내용을 기억하는 것은 의미기억에 해당되는데, 그 수업시간에 선생님이 어떤 옷을 입고 어떤 억양으로 설명했었는지를 기억한다면 이는 일화기억에 해당된다.

(3) 서술기억(declarative memory)

서술적 지식이라고 표현하기도 한다. 서술적 지식은 '사물이 어떠한가?'와 관련되며, 사실과 개념에 관한 내용을 기억하는 것이다. 일화기억과 의미기억은 모두 서술기억에 해당된다. 의미기억은 대체로 일화기억에 비해 더 오랫동안 남아 있다. 예를 들어, 어떤 패스트푸드점의 메뉴는 알고 있지만 거기에서 지난 월요일에 무엇을 시켜 먹었는지는 잘 기억하지 못한다.

(4) 절차기억(procedural memory)

문제해결 절차나 과정에 관한 기억 즉, 어떤 것을 '어떻게 할 것인지'에 대한 기억이다. 절차기억은 단계적으로 구성된 연습과정을 통해서 획득되고, 일단 숙달되면 대부분 자동화되기 때문에 세세한 부분까지는 의식적 통제가 이루어지지 않아도 실행된다. 절차기억의 예로, 자전거 타기, 전화 걸기, 덧셈, 뺄셈 같은 단순한 계산하기 등을 들 수 있다.

2) 망각

망각(forgetting)이란 기억장치에 저장된 내용이 인출되지 않는 것을 말한다. 즉, 과거의 경험이나 열심히 공부한 내용이 기억나지 않는 것을 말한다. 망각은 휴대폰을 어디 두었는지 기억이 나지 않는 것처럼 일상생활의 한 부분이며, 학습에서도 중요한 요소다.

감각기억이나 작업기억에서 소실된 기억은 회복될 수 없지만, 장기기억의 정보는 소실되지 않고 부호화되어 있다. 그렇다면 왜 장기기억에 부호화되어 있는 정보를 찾아낼 수 없는 것일까? 망각의 원인은 다음의 세 가지로 설명할 수 있다.

(1) 망각의 원인

● **소멸(decay)**

시간이 경과함에 따라 두뇌에 만들어진 기억 흔적이 희미해진다는 것이다. 이는 오래전에 만년필로 적은 편지를 세월이 지난 후 잉크 자국이 희미해져 다시 읽을 수 없는 것에 비유할 수 있다. 그러나 아주 오래된 내용도 중요한 내용은 생생하게 기억하고 있고, 오히려 최근에 경험한 것들을 잊어버리는 경우도 있는 것을 보면, 망각을 소멸로만 설명하기에는 제한적이다.

● **간섭(interference)**

두뇌 속에 저장된 내용이 손실되었거나 손상을 받은 것이 아니라 다른 기억 정보와 혼동되어 제대로 인출되지 못하는 것을 말한다. 이전이나 이후에 학습한 정보가 현재 학습하는 정보의 기억을 방해하는 현상이다. 즉, 공부한 내용이 다른 내용과 뒤섞여 인출할 때 방해를 받는 것이다.

● **인출(retrieval) 실패**

공부한 내용을 기억해 내지 못하는 것은 이 내용의 기억흔적이 소멸했거나 다른 내용에 의해 간섭을 받았기 때문이 아니라, 장기기억에서 정보를 인출하는 능력이 부족한 것과 관련이 있다. 또는 저장된 정보에 접근할 수 있는 단서가 없거나 잘못되었기 때문이다. 정보처리를 위해 장기기억에서 작업기억으로 정보를 빼내는 활동인 인출을 할 수 없다면, 그 정보는 소용이 없다. 인출 실패는 도서관에서 읽고 난 책을 아무데나 꽂아 두어 다음에 다시 찾지 못하는 것에 비유할 수 있다. 즉, 정보는 거기에 있지만 찾아낼 수 없는 것이다.

획득한 절차적 지식의 인출은 맥락에 강하게 의존한다. 예를 들어, 직장이나 학교에서 종종 만나는 한 사람을 알고 있는데 다른 장소에서 만났을 때 그 사람의 이름을 기억하지 못할 수 있다. 그 사람의 이름이 학교나 직장이라는 맥락에서 부호화되었기 때문에 다른 장소에서 그 사람의 이름을 인출하는 데 어려움이 있을 수 있는 것이다.

(2) 망각의 예방

망각을 최소화하기 위해서는 다음과 같은 방법을 사용할 수 있다.

- 학습을 할 때 그 내용에 주의를 기울이고 입력하여 확실하게 흔적을 남긴다.
- 간섭을 막기 위해 학습할 내용을 체계적으로 조직화하여 저장한다.
- 복습과 비교를 통해 주제들 간의 관계를 강조함으로써 간섭을 줄일 수 있다.
- 여러 가지 방법으로 새로운 정보를 학습하고 서로 관련짓게 함으로써 인출단서를 확실히 만든다.
- 과학습한다. 학습의 정도와 망각률은 깊은 역함수 관계에 있으므로 덜 망각하려면 공부를 더해야 한다.

4. 장기기억 저장에 영향을 주는 요인

많은 요인들이 장기기억을 형성하는 데 영향을 준다. 여기서는 작업기억, 사전지식, 사전 오개념 그리고 기대 등 장기기억 저장에 영향을 주는 인지적 요인과 언어화, 실행 그리고 검토 등의 행동적 요인에 대해 살펴보겠다.

1) 작업기억

새로운 자료가 기존 지식과 연결될 때 아주 효과적으로 장기기억에 저장된다. 학습자가 새로운 정보와 이미 가지고 있던 정보 사이의 연결을 만들기 위해서는 그 둘 사이의 관련성을 알아야만 한다. 다시 말해, 두 정보는 동시에 작업기억 안에 있어야 하는 것이다. 따라서 학습자의 작업기억 용량이 적을수록, 다양한 정보들이 어떻게 서로 부합하는지를 생각할 수 있는 여지가 적어진다. 앞장에서 다룬 자동성을 습득하는 것은 작업기억 용량을 확보할 수 있는 좋은 방법 중 하나다.

2) 사전지식

장기기억 저장에 영향을 주는 가장 중요한 요인 중 하나가 이미 알고 있는 것이다. 장기기억 안에 이미 큰 정보 덩어리를 저장해서 가지고 있는 학습자는 새로운 경험과 기존 지식을 관련지을 수 있고, 따라서 유의미한 학습과 정교화와 같은 과정에 더 많은 인지적 에너지를 투입할 수 있다. 사전지식이 부족한 학습자는 비효과적인 암기 학습전략에 의존해야만 한다.

3) 사전 오개념

앞서 학습자가 정교화를 할 때 사전지식에 상당 부분 의존한다고 하였다. 그런데 이때 그 사전

지식이 부정확한 지식 즉, 오개념(misconception)이라면 어떻게 될까? 사람들은 새로운 정보가 자신이 현재 세상에 대해 믿고 있는 맥락에서 확실히 틀린 것이라고 생각한다면, 그 정보를 전적으로 무시하기도 한다. 반대로, 자기가 가진 지식과 일치하는 정보를 왜곡할 수도 있는데, 그 결과 실제로 보고 듣고 읽었던 것과는 전혀 다른 것을 학습하기도 하는 것이다. 이렇듯 그릇된 정보를 가지고 있는 것은 어떤 주제에 대해 아무런 정보를 가지지 않는 것보다 더 좋지 않을 수 있다.

4) 기대

다음 글을 보자.

"캠리브지 대학교의 연구결과에 따르면, 한 단어 안에서 글자가 어떤 순서로 배되열어 있는가 하것는은 중하요지 않고, 첫째번와 마지막 글자가 올바른 위치에 있것는이 중하요다고 한다. 나머지 글들자은 완전히 엉진창망의 순서로 되어 있지을라도 당신은 아무 문없제이 이것을 읽을 수 있다. 왜하냐면 인간의 두뇌는 모든 글자를 하나 하나 읽것는이 아니라 단어 하나를 전체로 인하식기 때이문다."

혹시 이 글을 읽으면서 불편함을 느끼지 못했는가? 다시 한 번 천천히 위의 글을 읽어 보자. 만약 여러분이 처음 위의 글을 읽을 때 아무런 문제가 없었다면, 그것은 단어가 반드시 그렇게 적혀 있을 것이라는 기대가 문장의 해석에 영향을 주었기 때문일 것이다.

기대는 새로운 정보를 장기기억 안에 부호화하고 저장하는 방식에 영향을 줄 수 있다. 예를 들어, 초보 독자는 독서할 때 책에 있는 글자에 자세히 주의집중을 한다. 그 결과 종종 느리게 읽고 적게 이해한다. 좀 더 숙달된 독자는 인쇄된 책을 주의 깊게 보지 않는 경향이 있다. 대신 그들은 그 책 내용에 관해 문맥, 문장 구문, 주제에 대한 사전지식, 그리고 저자가 전달하고자 하는 것에 대한 기대와 같은 것에 의존하며 책을 읽는다.

5) 언어화

장기기억 저장을 분명히 촉진하는 하나의 활동은 언어화(verbalization)다. 언어화는 일어났거나 일어나고 있는 경험에 대해 말하거나 쓰는 것이다. 언어화는 자기 설명(self-explanation)의 형식을 취할 수도 있다. 자기 설명은 학습자가 어려운 과목을 이해하기 위해 자신에게 말하는 것이다. 학생들은 공부하면서 외현적 자기표현에 참여하도록 격려를 받을 때, 그 내용을 더 잘 정교화하고 더 잘 이해하고 더 잘 기억하는 경향이 있다.

6) 실행

실행(enactment)은 실제로 뭔가를 해 보는 것을 의미한다. 다양한 신체 행동은 장기기억 저장을 촉진하는데, 어린 아이들은 도형을 직접 그려 볼 때 기하학적 도형을 더 쉽게 배우며, 초등학교 고학년

아동들은 그들이 과학적 개념의 실례를 만들어 낼 수 있을 때 과학에서 배운 내용을 더 잘 이해한다.

7) 반복과 검토

앞서 언급하였듯, 시연은 장기기억 저장을 촉진하는 데 상대적으로 비효과적인 방법이다. 그러나 일시적인 시연과 대조적으로, 몇 주간, 몇 달 또는 몇 년간 주기적으로 정보와 절차를 검토하고 연습해 보는 것은 파지[3]와 수행을 확장해 준다. 추가적인 학습과 연습 기간을 갖는 것(분할 연습)은 일정 시간 동안 한꺼번에 연습하는 것(집단적 연습)보다 효과적인데, 이를 '간격효과'라고 부른다.

일정 시간 동안 배운 것을 검토하고 연습함으로써 학습자는 몇 가지를 성취할 수 있다. 첫째, 학습자는 추가된 처리과정에 참여한다. 그 처리과정은 학습한 정보를 새로운 방식으로 정교화해서 더 철저히 이해할 수 있도록 해 준다. 둘째, 특히 다른 맥락에서 같은 정보를 반복해서 검토함으로써, 기억 속에 있는 다른 것들과 더 많고 더 강한 연합을 형성한다. 그 결과 이후에 필요할 경우 그 정보를 더 손쉽게 회상할 수 있다. 마지막으로 계속된 연습은 자동성(automacity)을 촉진한다.

---

[3] 파지(retention): 어떤 대상의 행동을 모방하기 위해서는 그것을 기억해야만 한다. 파지는 어떤 방법으로 그 모델의 활동을 정신적으로 재현하는 것을 의미하는데, 그 방법은 아마도 언어적 명제 혹은 시각적 심상, 또는 둘 다를 말한다.

1. 메타인지란 무엇인가

1) 메타인지(meta-cognition)의 정의

메타인지[4]는 인지에 관한 인지로서 학습자가 자신의 학습과 인지과정에 대한 지식, 그리고 그러한 학습과 기억을 증진하기 위해 학습행동과 인지과정을 조절하는 것을 통칭한다. 메타인지는 개인의 학습에 있어 지도자나 감독자로 간주될 수 있으며, 학습자 스스로가 자신의 학습 과정에서 일어나는 추리, 이해, 문제해결, 학습 등의 인지과정을 감찰하고 효율성을 검토하며 조절하는 데 사용된다.

메타인지 능력의 개인차는 생물학적 차이 또는 학습경험의 차이에서 비롯되며, 부분적으로는 발달에서 기인한다. 성취수준이 낮은 학습자와 비교해 볼 때 성취수준이 높은 학습자들은 자신이 공부하고 학습하는 방식에 대해 더 잘 인식하고 있음은 물론 자신의 방식을 향상시키기 위해 더 많은 노력을 한다. 다시 말해, 자신의 학습에 대한 메타인지활동을 더 활발히 하는 것이다.

2) 학습에 있어서의 메타인지 과정

메타인지 지식과 기술이 향상됨에 따라서 학습자는 자기조절능력을 발달시킨다. 자기가 공부하고 학습하는 방식을 잘 자각하고 있는 학생들은 그렇지 않은 학생들보다 더 높은 성취결과를 나타내 보인다. 바꾸어 말하면, 메타인지적인 특성을 많이 보이는 학생들은 그렇지 않은 학생들보다 더 많이 학습한다.

그 원인에 대해서는 다음의 네 가지로 설명할 수 있다.

첫째, 주의의 중요성에 대해 자각하고 있는 학생들은 스스로 효과적인 학습환경을 창조하는 경향이 높다. 교실 앞좌석으로 옮겨서 중요한 정보를 놓치지 않는 것, 또는 공부할 때 주의를 산만하게 하는 라디오를 끄는 것과 같이 방법은 간단하다.

둘째, 메타인지는 정확한 지각을 증가시킨다. 무엇인가를 잘못 지각할 수도 있다는 것을 아는 학습자는 확실한 정보를 찾으려고 노력한다. 그렇게 함으로써 그들은 지각에 대한 자각과 조절을 보여 준다.

셋째, 메타인지는 작업기억을 통해서 정보의 흐름을 조절하는 것을 돕는다. 예를 들어, 전화번호를 기억해야 하는 상황을 모두 겪어 보았을 것이다. 전화를 바로 걸어야 하는 경우라면, 마음속으로 반복해서 번호를 시연만 하면 된다. 그러나 나중에 전화를 걸기 위해서는 아마도 전화번호를 적어 두거나 핸드폰에 입력해서 저장해 놓을 것이다. 각각의 결정은 전략적이며, 우리의 기억을 자각하고 조절하는 것에 의해 영향을 받았다. 이것이 기억전략에 대한 지식과 조절인 메타기억의 예

---

4 '상위인지'나 '초인지'라는 용어로 사용되기도 한다.

다. 작업기억에서 정보를 처리하는 것을 감독하는 능력인 메타인지는 작업기억이 제한된 정보처리 능력을 갖는다는 측면에서 중요한 의미를 갖는다. 마지막으로, 메타인지는 유의미한 부호화에 영향을 미친다. 예를 들어, 정보를 다른 항목과 관련지어 저장하는 것이 별개로 저장하는 것보다 효과적으로 부호화될 수 있다는 것을 아는 학생은 공부할 때 아마도 주제들 간 관계를 의식적으로 살펴볼 것이다. 이것은 학생들의 학습전략과 학습량에 영향을 준다.

2. 메타인지와 효과적인 기억전략

가끔 우리는 지금 하고 있는 것에 대한 의식적 자각 없이 효과적으로 기억과정을 실행한다. 예를 들어, 재미있는 소설을 읽을 때 우리는 소설 속의 사건과 내 실생활의 유사사건을 자동적으로 연결한다. 그러나 심리학자들이 학습전략이라는 용어를 사용할 때는 특정 학습과제의 수행과정에서 하나 이상의 인지적 과정을 의도적으로 사용하는 것을 의미한다. 새로운 내용을 학습하고 기억하기 위해 사람들은 '머릿속에서' 많은 것을 한다. 그런데 특정 전략은 다른 것보다 분명히 더 효과적이다. 다음에서 이러한 효과적인 전략들에 대해 살펴보자.

1) 유의미학습(meaningful learning)

새로운 정보를 기존에 가지고 있던 유사하고 유관한 정보와 연합하여 장기기억에 저장하는 것을 유의미 학습이라고 한다. 유의미학습은 장기기억에 이미 저장되어 있는 지식과 새로운 자료를 연결하는 과정이며, 저장과 인출 모두를 촉진하는 것으로 나타났다. 이렇게 학습된 정보는 더 빨리 저장되고 더 쉽게 기억된다는 것이 실험을 통해서도 밝혀졌다.

> **Van Rossum과 Schenk(1984)의 연구**
> 대학생들에게 역사에 관한 내용을 공부하고 필기하게 한 후, 공부한 내용에 대한 시험을 보는 동시에 공부한 방법에 대해서도 질문하였다. 참여자 중 절반 정도는 기계적 접근을 사용하였으며, 과제의 목적을 '사실의 기억'이라고 답하였다. 나머지 절반은 유의미학습을 적용하여, 읽은 내용을 이해하고 해석하고 의미를 추출하며 공부하였다. 실험 결과, 주어진 내용에 대해 묻는 객관식 시험 결과에서는 두 집단이 별 차이를 보이지 않았다. 그러나 유의미학습전략을 사용한 학생들은 추론을 필요로 하는 서술식 검사에서 질적으로 우수한 답안을 작성하였다.

2) 정교화(elaboration)

정교화는 사전지식을 새로운 자료를 해석하고 확장하는 데 사용하는 과정으로, 기억해야 할 항목을 추가 정보와 함께 윤색하는 것을 말한다. 새로운 정보를 받아들일 때, 거기에 가정을 하고 추론을 하는 것과 같이 자기 나름의 해석을 붙이고, 기존의 지식에 적용해 본다면 정교화 학습을 했다고 말할 수 있다.

　유의미학습과 정교화가 비슷하게 생각될 수 있지만, 유의미학습은 새로운 정보를 기존의 정보에 연결하는 것이라면, 정교화는 새로운 정보를 학습자가 윤색하는 과정을 포함한다.

Stein, Bransford 등(1979, 1982)의 연구

5학년 학생들과 대학생들에게 다음과 같은 일련의 문장들을 학습하라고 지시했다.
　　예문　뚱뚱한 남자가 간판을 읽었다.
　　　　　배고픈 남자가 차에 탔다.

이때, 그 문장을 적절하게 정교화해서 제시했을 때 부적절하게 정교화한 것보다 그 문장을 기억하게 하는 데 훨씬 효과적이었다.
　　적절한 정교화의 예　뚱뚱한 남자가 얇은 얼음에 대해 경고하고 있는 간판을 읽었다.
　　　　　　　　　　　배고픈 남자가 레스토랑에 가기 위해 차에 탔다.
　　부적절한 정교화의 예　뚱뚱한 남자가 2피트 높이에 있는 간판을 읽었다.
　　　　　　　　　　　　배고픈 남자가 차에 타서 차를 몰고 갔다.

　정교화가 장기기억을 촉진하는 이유는 다음과 같다. 첫째, 정교화된 정보는 장기기억 안에 저장된 다른 유사한 정보와 혼동이 덜 된다. 둘째, 정교화는 정보가 이후에 인출될 수 있게 하는 추가된 수단을 제공한다. 셋째, 정교화는 정보 자체만으로 정확하게 회상할 수 없을 때, 그 정보가 무엇일 것 같은지를 추론하는 데 도움이 될 수 있다.

3) 조직화(organization)

　조직화는 관련 있는 내용을 공통 범주나 유형으로 묶는 과정이다. 다양한 정보 조각들을 어떤 방식으로 서로 연결할 때, 즉 그 정보가 내적 조직화되어 학습될 때, 새로운 정보를 효과적으로 저장하고 더 완벽하게 기억할 수 있다. 학생들에게 특정의 조직화된 도식을 제공하는 것은 학생들이 더 효과적으로 학습할 수 있도록 돕는다.

Bower, Clark, Lesgold, Winzenz(1969)의 연구

대학생들에게 112개의 단어를 광물, 식물 등과 같은 4개의 범주에 포함시켜 네 번에 걸쳐 학습하도록 했다. 일부 학생들은 단어를 임의적으로 배열한 반면, 다른 학생들은 다음의 그림처럼 위계를 만들어 배열하였다. 한 번의 학습 후에 조직된 단어를 공부한 학생들이 단어를 임의로 학습한 학생들보다 세 배나 많은 단어를 학습할 수 있었다. 또 네 번의 시도 후에는 조직화한 그룹의 학생들은 112개의 단어 모두를 기억한 반면, 임의학습 그룹의 학생들은 70개만 기억했다.

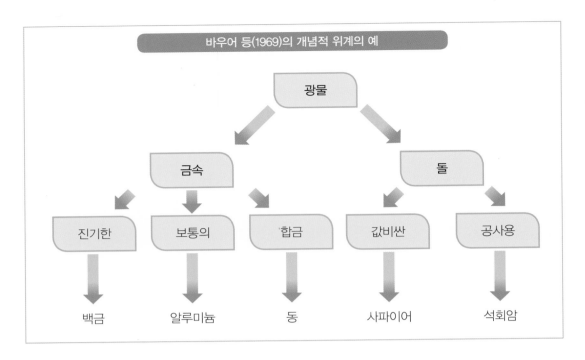

바우어 등(1969)의 개념적 위계의 예

정보는 여러 가지 방법으로 조직화될 수 있다. 효과적인 조직화 방법들은 다음과 같다.

(1) 도식화하기(지도, 흐름도, 표 만들기)

개념들의 유사점과 차이점을 비교하는 데에 표를 활용할 수 있다. 표를 활용하면 비교적 복잡한 내용도 일목요연하게 정리할 수 있다. 아래 도식화의 예처럼, 말로 풀어 설명한 글은 매우 길고 복잡하지만 표로 만듦으로써 그 내용을 요약, 정리할 수 있다. 지도나 흐름도의 경우에도 글의 내용을 시각적으로 정리함으로써 이해와 기억에 도움이 된다.

도식화의 예

구분	퇴적암	화성암	변성암
겉모양	층무늬(층리)가 있다.	구멍이 있는 암석도 있다.	줄무늬 (편리)가 있다.
알갱이의 크기	퇴적물의 종류에 따라 다르다.	다양하다.	비교적 크다.
화석	있다.	없다.	있다.
단단함	덜 단단하다.	단단하다.	단단하다.
종류	역암, 사암, 이암 등	현무암, 화강암 등	편마암, 편암, 대리암 등

(2) 개념 지도 그리기

주요 개념을 선택하여 이들을 연결하여 개념 지도(concept map)를 만든다. 개념 지도는 다양한 개념들 간의 관계를 보여 주기에 적당하다. 개념 지도를 그리게 되면 새로운 개념이 이미 알고 있는 것과 어떻게 관련되는지에 대해서도 관심을 두게 되어, 유의미하게 학습하게 된다. 또한 도식화 기법처럼 정보를 장기기억 속에 언어적으로뿐만 아니라 시각적으로 부호화하는 데 도움을 준다. 개념도를 만들고, 다른 학생들이 만든 것과 비교하여 개념들의 관계를 서로 어떻게 다르게 이해했는지 토론하는 것도 유익하다.

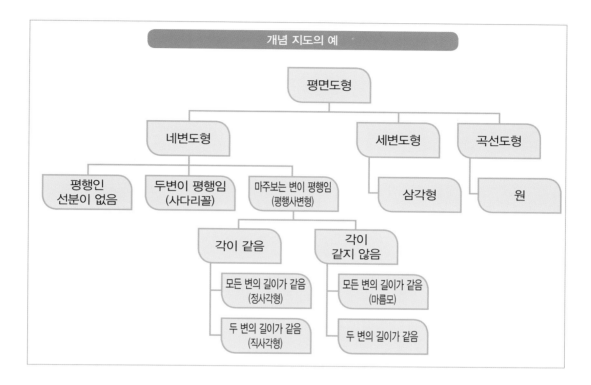

Novak(1998)은 개념 지도를 만드는 요령을 다음과 같이 제시하였다.

- 글 속에 포함되어 있는 용어, 개념, 아이디어를 정리한다.
- 이들의 위계적인 관계를 정리할 때 포괄적인 개념은 위에, 좀 더 세부적인 개념은 아래에 배치한다.
- 이들 개념들의 관계를 선이나 화살표로 연결한다.
- 개념들 간의 관계를 표시한다(예: ~의 부분이다. ~에 의해 비롯된다. ~를 결정한다 등).
- 개념 지도가 기대와 달리 잘 만들어지지 않을 때에는 개념들의 관계를 다시 정리해 본다. 이런 과정을 통해서 글의 내용을 더 잘 이해할 수 있게 된다.
- 다른 사람들이 만든 개념 지도와 비교하며 토론한다.

4) 시각적 심상

시각자료에 대한 사람들의 기억은 언어자료에 대한 기억보다 더 낫다. 학생들이 이야기를 읽거나 학교 교과서의 설명을 듣고 있는 동안 시각적 심상을 형성하면, 그들이 읽고 들은 것을 보다 효과적으로 이해하고 기억한다. 또한 학생들에게 그들이 공부한 것에 대해 시각적 심상을 형성하는 것을 가르치면 자료를 더 빨리 배우고 더 효과적으로 기억할 수 있다. 따라서 심상은 기억술이라고 불리는 여러 기억 전략의 기초를 제공한다.

5) 기억술

기억술(mnemonics)은 기억을 돕는 기법으로, 기본적으로 아무 의미가 없거나 임의로 만들어진 단어 목록에 의미를 부여하는 방법이다. 여러 가지 기억술이 있지만 정보를 의미 있는 덩이로 조직화하거나(범주 묶기, 머리글자 이용하기), 시각적으로 심상화하는 방법(상호작용 이미지 생성, 쐐기 단어법, 장소법) 등이 있다.

(1) 범주 묶기

범주 묶기 방법에서는 목록에 있는 항목들을 몇 개의 범주로 조직화한다. 예를 들어, 장을 보러 갈 때 장보기 목록을 식품 종류별로(과일, 채소, 육류 등) 조직화할 수 있다.

(2) 상호작용 이미지 만들기

기억해야 하는 단어에 해당하는 물체들이 매우 능동적으로 상호작용하는 모습을 최대한 생생하게 심상화한다. 예를 들어, 양말, 사과, 가위를 사야 한다면 사과로 가득 찬 양말을 가위로 자르는 장면을 상상한다.

(3) 페그워드(pegword)법

이전에 기억해 둔 단어를 새로 기억해야 할 단어와 연결지어 이 두 단어 간에 상호작용하는 심상을 형성한다. 예를 들어, "하나 하면 할머니가" "둘 하면 두부 장수" "셋 하면 새색시가"와 같이 우리가 이미 기억하고 있는 노랫말을 활용한다. 만일 양말, 사과, 가위를 사야 한다면 두 할머니가 사과 하나를 놓고 다투는 모습, 양말 속에 두부가 짓이겨져 가득 차 있는 모습, 새색시가 엿장수 가위를 들고 짤깍거리는 모습을 상상한다.

(4) 장소법

자신이 아주 잘 알고 있는 장소를 돌아다니면서 눈에 띄는 표식이나 지형 지물을 이용하여 기억해야 할 항목들을 연결한다. 예를 들면, 학교에 가는 길에 기이하게 생긴 집이 한 채 있고, 나무와 야구장이 있다면 기이하게 생긴 집의 지붕 꼭대기에 굴뚝 대신 양말이 휘날리는 모습, 가위로 나무를 자르는 모습, 야구장의 1루부터 3루까지 사과가 한 개씩 놓여 있는 모습을 상상하는 것이다.

(5) 머리글자로 단어 만들기

어떤 단어나 개념을 의미하는 글자를 하나씩 가져다가 새로운 단어나 표현을 만든다. 예를 들면, 태양계를 구성하는 행성에서 머리글자를 따다가 '수·금·지·화·목·토·천·해'를 만드는 것이다.

(6) 머리글자로 문장 만들기

기억해야 할 항목의 머리글자를 이용하여 단어 대신 문장을 만든다. 예컨대, 악보에서 소프라노 부분의 음 이름 '미시도파솔'을 외우기 위해 '미안하지만 시간이 없으니 도넛 파는데 솔선수범해 주세요.' 같은 문장을 만드는 것이다.

(7) 핵심단어법

외국어 단어의 소리나 의미를 친숙한 단어의 소리나 의미와 연결하여 상호작용 이미지를 만든다. 예컨대, 책을 의미하는 스페인어인 'libro'라는 단어를 외우기 위해 소리와 형태가 유사한 영어 단어의 'liberty'를 연상한 다음에 자유의 여신상이 횃불 대신 큰 책을 높이 쳐들고 있는 모습을 상상한다.

3. 책 읽기 기술과 노트필기

1) PQ4R

글을 읽을 때 정교화 처리를 향상시키기 위해 Thomas와 Robinson(1972)은 PQ4R 방법을 개발하였다. P는 Preview(훑어보기), Q는 Question(질문하기), 4R은 Read(읽기), Reflect(검토하기), Recite(암송하기), Review(복습하기)를 의미하는데, 훈련 결과 비교적 효과적인 것으로 검증되었다. 이 방법을 활용한 학생들이 학습내용을 의미 있게 조직화하고 질문하거나 정교화하는 것과 같은 학습전략을 사용하며, 시간을 두고 내용을 복습하는 것과 같은 분산학습을 한다는 보고가 있었다. 하나씩 자세히 살펴보면 다음과 같다.

(1) Preview(훑어보기)

배울 내용을 훑어보고 전체적인 구조나 주요 주제 혹은 부분 주제가 무엇인지 파악한다. 제목에 주의를 기울이고 배울 내용이 무엇에 관한 것인지 생각한다.

- 한 장이 어떻게 구성되어 있는지 체제를 파악, 큰제목, 소제목 보기
- 훑어보며 흥미를 유발하는 그림, 도표, 사진 등도 가볍게 읽어 보기
- 각 장의 서두(머리말), 요약 읽기(이해가 되지 않아도 괜찮음)
- 개관을 통해 전체 체제 구성과 개략적인 내용 파악

(2) Question(질문하기)

글을 읽기 전에 배울 내용에 대한 질문을 정리한다. 이때 '누가, 언제, 어디서, 무엇을, 어떻게, 왜'와 같은 의문사를 활용한다.

- 개관하며 의문, 질문을 만들어 낸다.

- 훑어보면서 얻는 내용과 기존의 지식을 연결, 관련지으려고 노력하면 의문이 생긴다(즉, 훑어본다는 것이 실제로는 적극적, 능동적인 과정을 말함).
- 소제목을 바꾸면 적절한 질문으로 만들 수도 있다.
- 질문, 의문을 노트에 정리해 놓는 것도 좋은 전략이다.
- 질문, 의문제기를 두려워 말 것(혼자 하는 것이기에 어리석은 질문이란 있을 수 없다).

(3) Read(읽기)

주의 깊게 글을 읽는다. 내용을 정리하는 데 너무 신경을 쓰지 말고 앞에서 자신이 정리한 질문들에 답을 한다는 생각으로 읽는다.

- 기본 원칙은 능동적 독서(active reading)다.
- 앞서 개관하며 제시했던 의문, 질문에 답을 찾아라(답을 못 찾거나 의문이 해소되지 않으면 수업시간에 질문).
- 각 문단, 단락을 읽고 난 후, 그 부분을 한두 문장으로 요약해 본다.
- 이해가 안 되는 부분에는 표시해 둔다.
- 독서와 수업을 연결한다.

(4) Reflect(검토하기)

글의 내용을 자신이 이미 알고 있는 내용과 관련지어 보든지, 부분 제목들을 글의 주요 개념과 관련지어 본다. 글의 내용 중 상호 모순적인 내용이 없는지 살펴보고 글에서 제시된 과제가 있을 때 이를 해결해 보도록 시도한다.

- 읽기 과정의 연속으로 배운 정보를 공고히 하는 과정이다.
- 학습한 내용을 다시 머릿속에 떠올리며 생각한다.
- 한 장의 전체적인 구성과 체제를 생각해 보고 각 문단, 단락의 요약을 생각해 본다.
- 수업시간에 교사가 강조한 것을 다시 기억해 본다.

(5) Recite(암송하기)

중요한 내용을 큰 소리로 정리해 보든지 질문하거나 답하는 방법을 통해 글의 내용을 기억하는 것을 연습한다. 이때 제목, 밑줄 그은 부분이나 주요 내용에 대해 정리한 것들을 활용한다.

- 개념, 용어의 정의와 대표적인 좋은 예를 확실하게 이해 및 암기하여 자유자재로 사용할 수 있도록 한다.
- 만일 충분히 회상할 수 없으면, 기억하기 힘들었던 부분을 다시 읽도록 한다.

(6) Review(복습하기)

머릿속에서 전체 내용을 검토하고 관련된 질문들에 다시 답하면서 학습내용을 복습한다.

- 기억에 정보를 지속하기 위해서는 재학습이 필요하다.
- (1)~(5)까지의 과정을 반복해서 거친다.

2) 노트필기

(1) 노트필기의 두 가지 기능

① 자료의 부호화를 촉진한다.

학생들은 정보를 적어 보고, 필기된 내용을 보면서 그 내용을 언어적, 시각적으로 부호화하게 된다. 나중에 노트를 공부에 활용하지 않는다고 하더라도 노트필기를 하는 행위 자체만으로도 기억을 증진할 수 있다.

② 수업 내용의 물리적 저장고 역할을 한다.

필기한 내용은 나중에 언제든지 다시 볼 수 있기 때문에, 장기기억의 오류 가능성에 대한 효과적인 보완책이다.

(2) 효과적인 노트필기 방법

- 노트는 제시된 자료 전체를 기록할수록 더 유용하다.
- 수업단원의 목표와 일치하는 내용을 담은 노트가 학습을 더 잘 촉진한다.
- 해당 주제와 관련된 사항을 잘 요약했을 때 더욱 효과적이다.
- 제시된 내용뿐만 아니라 자신만의 보충설명을 적어 넣으면 특히 더 효과적이다.
- 강의를 듣거나 책을 읽으면서 작성한 노트를 사후에 재조직하고 정교화하는 것이 효과적이다.

문제집도 되고 참고서도 되는
나만의 노트 만들기

노트필기 기술

◎ **목 표**   많은 학생들이 노트필기를 부담스러워하거나 굳이 할 필요가 없는 것으로 보는 경향이 있습니다. 학생들이 노트필기의 필요성을 정확하게 인식하고 자신에게 도움이 되는 노트필기 방법을 찾는 것이 이 장의 목표입니다. 노트필기를 해야 하는 이유에 대해서 스스로 생각해보도록 도와주시고, 노트필기의 이점들을 확인하도록 해주십시오. 무엇보다도 노트필기를 이용한 복습방법과 암송 등 활용방법에 더 많이 중점을 두시고 지도해주시기 바랍니다.

"우리 반 어떤 친구는 별로 열심히 하는 것 같아 보이지 않는데 시험을 되게 잘 봐요.
어쩜 저렇게 시험문제를 잘 예상할까요? 운이 정말 좋은가 봐요!"
시험기간, 많은 학생들이 벼락치기 공부를 하느라 분주할 때 여유롭게 중요한 내용만 살펴보는 얄미울
정도로 여유만만인 친구도 있습니다. 이 친구들은 남다른 무기를 가지고 있는데요, 바로 수업내용을
잘 정리한 노트입니다. 노트필기는 어떻게 만드는지에 따라 그 활용도가 결정됩니다.

－   이번 시간에는 복습과 시험 준비에 요긴하게 사용할 수 있는 효과적인 노트 작성법에 대해 배
워봅시다.

★ 이번 시간에 배울 내용

• 나는 그동안 어떤 방식으로 필기해 왔나?   • 노트필기를 하는 이유는 무엇인가?

• 노트필기에는 어떤 유형들이 있을까?   • 효과적인 노트법이란?

노트필기 체크리스트

| 목 표 | 평소 노트필기를 할 때 자신이 표기하는 내용과 방법을 점검하는 문항들로,
자신의 노트필기 습관이 어느 수준인지를 확인할 수 있습니다.

● **나는 노트필기를 얼마나 잘하는지, 또 노트를 얼마나 잘활용하는지 스스로 점검해 봅시다.**

문 항	√ 표
1. 중요한 과목별로 노트를 가지고 있다.	
2. 수업시간에 중요한 것 위주로 필기한다.	
3. 나중에 봐도 알아보기 쉽게 정리한다.	
4. 선생님이 강조한 내용은 따로 표시한다.	
5. 노트에 불필요한 낙서나 그림을 그리지 않는다.	
6. 노트를 가지고 복습에 활용한다.	
7. 중요한 부분을 알아보기 위한 나만의 기호가 있다.	
8. 내 노트를 통해 시험 문제를 예상할 수 있다.	

총 개수 :

● **√ 표시한 문항의 개수를 세어보세요. 여러분의 결과는 어디에 해당되나요? 만약 4개 이하의 개수가 나왔다면, 이번 시간을 통해 자신이 부족했던 영역을 보완해보세요.**

(0~2개) ➝ 노트필기 습관이 많이 부족해요

(3~4개) ➝ 고쳐야 할 노트필기 습관이 더 많아요

(5~6개) ➝ 좋은 습관이 많은 편이네요

(7~8개) ➝ 아주 잘하고 있어요

| 유 의 점 | 체크하지 않은 문항들을 토대로 자신이 어떤 부분을 소홀히 해왔는지 검토할 수 있도록 지도해주시기 바랍니다.

내 노트는?

A2
5m

● 필기한 노트를 펼쳐봅시다. 노트필기를 할 때 자신이 사용하고 있는 내용과 방법을
점검해본 다음, 내 노트에서 잘된 점과 앞으로 고쳐야 할 점에 대해 정리해봅시다.

잘된 점	고쳐야 할 점

│ 유의점 │ 지금까지 자신이 작성한 노트를 펼쳐, 잘하고 있는 부분은 무엇이고, 어떤 점을 보완하면 좋을지에 대해서 확인할 수 있도록
지도해주시기 바랍니다.

노트필기는 왜 해야 할까요?

A3
7m

어떤 친구들은 수업을 잘 들었다면 굳이 손 아프게 노트필기를 할 필요가 없다고 말합니다. 정말 그럴까요? 우리는 왜 노트필기를 해야 하는 것일까요?

● **내 생각은?**

● **노트필기의 중요성**

1. 우리의 [기 억]에는 한계가 있어요. 더 나은 [기 억]을 위해 기록을 남겨둬야 해요.

☐ 심리학 연구결과를 보면, 반복해서 암송하지 않은 정보의 대부분은 1시간 내에 기억 속에서 사라지게 됩니다. 즉, 우리의 기억력으로는 수업시간에 배운 내용을 모두 기억할 수 없습니다. 따라서 선생님이 교과서에서 다루지 않은 내용에 대해 말씀하시거나 중요한 내용이라고 강조하실 때 그것을 기록해두는 것이 중요합니다.

2. 필기를 하면 수업내용에 더 [집 중]할 수 있어요.

☐ 수업내용의 모든 내용이 다 중요한 것은 아니며, 수업내용을 모두 필기할 수도 없습니다. 따라서 노트필기를 할 때에는 수업내용에서 중요한 내용을 중심으로 필기해야 하며, 그러기 위해서는 수업을 들으면서 중요내용을 파악해야 합니다. 그렇게 되면 자연스럽게 수업내용에 더 주의를 기울이게 되고, 수업에 참여하고자 하는 동기 또한 향상되기 때문에 집중력이 높아집니다.

3. 학년이 올라갈수록 공부할 [분 량]이 엄청나게 증가해요. 설사 머리가 굉장히 좋다

고 하더라도 그 많은 내용들을 제대로 [정 리]하지 않으면 모두 기억할 수 없어요.

☐ 학년이 올라갈수록 공부량은 급격하게 증가합니다. 설사 머리가 좋다고 하더라도 우리의 기억력에는 한계가 있으므로, 많은 내용들을 제대로 정리하지 않으면 모두 이해하거나 기억할 수 없습니다.

4. 잘 정리된 노트는 [복 습], [시 험 준 비]를 할 때 나만의 맞춤 참고서!

☐ 수업시간 중 강조된 내용, 특별히 신경 써야 할 부분 등을 미리 노트에 정리해둔다면, 복습이나 시험기간에 또 다시 요점정리를 할 필요가 없게 됩니다. 잘 정리된 노트는 공부시간을 절약할 수 있도록 도와주기 때문에 시간관리까지 할 수 있는 일석이조의 효과를 낼 수 있습니다.

스스로 작성한 노트의 장점

| **목표** | 많은 학생들이 노트필기의 중요성을 느끼지 못하는 것은 이를 활용하여 효과를 본 적이 없기 때문일 것입니다.
자신이 직접 작성한 노트의 장점을 정리하여, 노트필기의 효과를 인식하도록 합니다.

A4
3m

베낀 노트, 선생님이 나눠준 프린트물, 학원에서 요약해준 내용, 참고서나 문제집 내용들도 노트필기를 대신할 수 있습니다. 하지만 직접 작성한 노트의 학습효과가 더 우수한 것으로 알려져 있는데요, 그 이유는 무엇일까요?

> 스스로 요 약 했기 때문에 더 잘 이 해 가 된다.

> 중 요 내용을 쉽게 구분할 수 있다.

> 수업 분 위 기 와 맥락을 떠올릴 수 있다.

> 복 습 을 통해 해당 과목에서 자신의 약점을 보완할 수 있다.

> 시험문제를 예 상 할 수 있다.

노트필기 유형

| 목 표 | 효과적인 노트필기를 하기 위해서는, 먼저 다양한 노트필기 방법의 장단점을 살펴볼 필요가 있습니다.
각 노트필기 방법에서 장점과 단점은 무엇인지 파악하고, 이를 토대로 효과적인 노트필기 방법을 정리해봅시다.

● **아래 제시된 노트필기의 장단점을 찾아보고, 자신의 노트는 어떤 유형에 가까운지 생각해봅시다.**

마구잡이 노트

장점 ▶ 그래도 수업시간에 필기하여, 집중하려한 점

단점 ▶ 내용을 알아볼 수 없어 활용 불가

개요번호와 들여쓰기를 사용하지 않은 노트

장점 ▶ 깔끔하게 정리할 수 있고, 필기하기 쉬움

단점 ▶ 어떤 개념이 상위-하위인지 알 수 없음

여백이 없는 노트

장점 ▶ 많은 내용이 정리되어 있음

단점 ▶ 내용이 복잡하여 활용도가 떨어짐

화려한 노트

장점 ▶ 중요한 내용이 표시되어 있음

단점 ▶ 어떤 내용이 더 중요한지 알기 힘듦

좋은 노트의 특징

| 목 표 | 좋은 노트란 배운 내용의 흐름을 이해할 수 있고 중요한 내용을 금방 찾을 수 있는 노트입니다. 또한 선생님이 적어주신 내용과 더불어 복습하면서 추가한 내용, 선생님 농담이나 수업 분위기 등을 첨가하여 정리된 노트필기는 복습 시 수업내용이 더 잘 기억되도록 도와줍니다. 그러나 선생님이 필기해주신 내용만 정리된 노트는 내 생각이 포함되지 않아 참고서와 다름없는 내용이 될 수 있어 활용도가 떨어집니다.

● **좋은 노트는 아래의 4가지 조건을 충족시킵시다.**

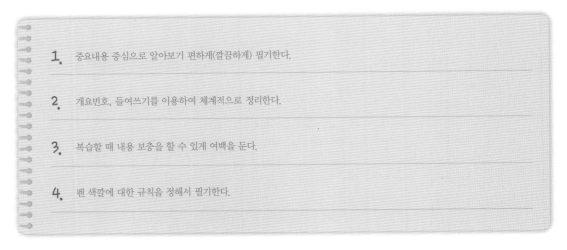

1. 중요내용 중심으로 알아보기 편하게(깔끔하게) 필기한다.

2. 개요번호, 들여쓰기를 이용하여 체계적으로 정리한다.

3. 복습할 때 내용 보충을 할 수 있게 여백을 둔다.

4. 펜 색깔에 대한 규칙을 정해서 필기한다.

● **좋은 노트는 다음과 같은 내용들로 구성되어 있습니다.**

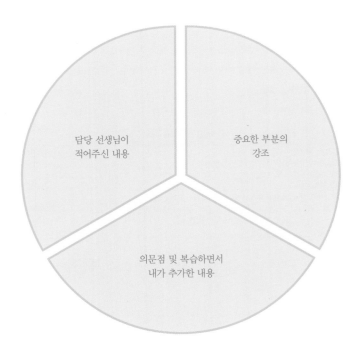

담당 선생님이
적어주신 내용

중요한 부분의
강조

의문점 및 복습하면서
내가 추가한 내용

효과적인 노트양식

| 목표 | 다음 제시된 노트는 수업내용을 '수업내용 정리칸'과 '핵심단어칸'으로 구분하여 정리하도록 돕는 효과적인 방식입니다.
중요한 핵심내용과 설명 부분의 구분이 가능하여, 복습에 아주 유용한 노트임을 강조해주십시오.

위에 제시된 노트는, 노트의 왼쪽 부분에 2~4cm 정도의 선을 그은 후 핵심단어칸과 수업내용 정리칸으로 나누어 정리하도록 도와주는 효과적인 양식입니다.

수업 내용 중에서 중요한 내용을 따로 정리할 수 있다는 장점이 있습니다.
중요한 핵심 내용과 설명 부분의 구분이 가능하기 때문에 복습에 아주 유용한 노트 형식이라고 할 수 있습니다.

| 목표 | 아래 내용은 '수업내용 정리칸' 필기 팁을 제시해준 부분입니다.

🖐 수업내용 정리칸 작성 방법

학교 수업을 들으면서 노트 작성을 할 때, 먼저 수업내용 정리칸을 필기합니다. 수업을 들으면서 동시에 필기를 하는 것이 결코 쉬운 일은 아니지만, 아래의 단계를 따라가다 보면 보다 쉽게 필기할 수 있을 것입니다. 아래 빈칸에 해당하는 단어를 스티커에서 찾아 붙여봅시다.

핵심단어칸　　**수업내용 정리칸**

1 단계

> 가장 먼저 그날 배울 내용의 제 목 을
  눈에 잘 보이게 적습니다.
> 대단원, 중단원, 소단원 등을 구분하여 적습니다.

2 단계

> 그 단원의 학 습 목 표 를 적습니다.

> 학습목표에는 그날 수업의 가장 핵심적인 내용들이
  포함되어 있으므로, 반드시 필기하도록 합니다.

3 단계

> 수업을 들으며 중 요 한 내용을
  수업내용 정리칸에 필기합니다.

> 수업 때의 필기가 노트필기의 끝이 아니므로
  (집에 가서 다시 보충해야 하기 때문에) 여 백 을
  넉넉히 두면서 필기합니다.

핵심단어칸　　수업내용 정리칸

4 단계

> 필기를 할 때에는 개 요 번 호 를 붙이고,

　들 여 쓰 기 를 사용해가면서 적도록 합니다.

5 단계

> 잘못 필기한 부분은 지우지 않습니다. 대신

　취 소 선 을 긋고 고친 내용을 그 위에 다시 적습니다.

> 단순히 맞춤법이 틀렸을 경우에는 지우개나 화이트를
　사용합니다.

6 단계

> 수업 중 선생님이 강조하고 반복해서 설명한 부분은
　확실하게 중 요 표시합니다.

7 단계

> 수업 중 중요하다고 생각되는 그 림 이나

　그 래 프 등은 직접 그려보도록 합니다.
　다만 꼭 수업 중에 그릴 필요는 없으며, 수업 후
　복습하는 과정에서 그립니다.

8 단계

> 수업 중에 제시되는 다양한 정보와 사실뿐만 아니라
　그에 대한 느 낌 도 필기합니다.

| 목 표 | 아래 내용은 '핵심단어칸' 필기 팁을 제시해준 부분입니다.

핵심단어칸 작성방법

위의 8단계에 따라 수업내용 정리칸의 필기를 마치면, 핵심단어칸을 기록합니다. 핵심단어칸은 수업내용 정리칸에서 '수업내용을 떠오를 수 있게 하는 힌트'가 되는 핵심단어를 찾아서 적는 것이 중요합니다. 수업단어칸 작성방법과 마찬가지로, 스티커에서 빈칸에 해당하는 단어를 찾아 붙여봅시다.

● **작성 방법**

핵심단어칸   **수업내용 정리칸**

1. 수업내용 정리칸에서 핵 심 단어만 뽑아서
   적습니다.

2. 수업 직 후 에 정리하고,
   집에서 복습할 때 한 번 더 정리합니다.

● **핵심단어 찾는 요령**

> 선생님이 수업 중에 반 복 적으로 이야기한 단어

> 학습목표, 목 차 , 제목 등에 포함되어 있는 단어

> 교과서에 굵게 표시되어 있거나 강 조 된 단어

노트 작성 예시

| 목 표 | 효과적인 노트양식을 처음 접한 학생들은 이를 실제로 적용하기 어려워할 수 있습니다.
따라서 효과적인 노트양식을 단계별로 익힐 수 있도록 지도해주시기 바랍니다.

다음 예문을 3분간 읽은 다음, 노트 형식으로 바꾼다면 어떻게 정리할 수 있을지 잠시 생각해봅시다. 노트에 옮길 중요내용에 밑줄을 긋고 개요번호를 붙이면서 읽으면, 노트필기가 쉬워집니다.

예문

인구 성장과 인구 이동

학습목표
1. 인구 성장과 인구 이동에 대해 알아보자.
2. 인구 성장 모형을 이해하고 각 단계에 해당하는 예를 생각해보자.

인구가 증가하거나 감소하는 것을 어떻게 알 수 있을까?

우선 한 국가의 인구가 증가했을 경우를 생각해 보자. 인구가 증가했다는 것은 태어나는 사람이 죽는 사람에 비해 많다는 뜻임을 쉽게 짐작할 수 있다. 이와 반대로 인구가 감소했다면 태어나는 사람보다 죽는 사람이 많은 경우 일 것이다. 이처럼 인구의 규모는 기본적으로 출생과 사망에 의해 결정된다.

세계 전체의 인구 성장도 출생자 수에서 사망자 수를 뺀 값인 자연증감에 의해 결정된다. 그런데 지역 단위에서는 자연증감 외에도 인구 규모에 영향을 주는 또 다른 요인으로 인구 이동이 있다. 국제적인 인구 이동에서는 이민, 국내 인구 이동에서는 전입과 전출이 있는데, 이에 의해서도 인구 규모는 커지기도 하고 작아지기도 한다. 인구 성장이나 감소는 한 국가의 생존과 관련되며 직접적으로는 생산과 소비에 영향을 미치기 때문에 사회발전과도 밀접한 관련이 있다. 따라서 증가든 감소든 지나친 인구 변화는 바람직하지 않은 현상이다.

인구 성장 모형 중 1단계는 출생률과 사망률이 모두 높아 인구가 그다지 증가하지 않는 단계로, 현재는 아프리카, 아시아, 라틴아메리카에 살고 있는 몇몇 원주민 집단에서 찾아볼 수 있다. 2단계는 의학이 발달하고 생활환경이 개선되면서 사망률이 급격히 낮아져 인구가 폭발적으로 증가하는 시기이다. 현재는 아프리카의 여러 국가들과 아시아의 개발도상국들이 이에 해당한다. 3단계는 산업화의 진행으로 여성들의 사회 참여가 일반화되면서 결혼 연령이 높아지고, 가족계획이 실시되면서 출생률이 급격하게 감소하는 시기로 인구 증가는 차츰 둔화된다. 서양에서는 19세기 중반에 나타났으며, 현재는 몇몇 개발도상국에서 나타나고 있다. 4단계는 출생률과 사망률이 모두 낮아지기 때문에 인구가 정체하는 시기로, 현재 선진국에서 나타나고 있다.

출처 [중학교 사회]

앞의 예문을 효과적인 노트양식으로 옮기면 이렇게 됩니다. 스티커를 활용하여, 필기단계를 표시해봅시다.

* 단계가 적용된 부분에 스티커를 붙입니다. 단, 필기 전체에 적용된 단계는 가장 윗부분에 붙이면 됩니다.

핵심단어칸	수업(본문)내용 정리칸

단계1: 제목 적기

I. 인구 성장과 인구 이동

단계2: 학습목표 적기

학습목표 - 인구 성장과 인구 이동에 대해 알아보자.

- 인구 성장 모형을 이해하고 각 단계에 해당하는 예를 생각해보자.

1 인구가 성장하는 과정

단계3: 중요내용 중심으로 여백을 두면서 필기하기

* 인구의 규모는 출생과 사망에 의해 결정

단계4: 개요번호, 들여쓰기 사용

① 세계의 인구 증감 = 1년간 출생자 수 -) 1년간 사망자 수

단계5: 취소선 사용

▶ 이를 자연적증감이라 함　★자연증감

② 국가의 인구 증감 = 출생자 수 - 사망자 수 ± 인구이동

　　▶ 인구이동　a. 국제 인구이동 : 이민

　　　　　　　　b. 국내 인구이동 : 전입, 전출

③ 우리나라에서 인구 증가율이 가장 큰 지역 : 수도권

　　▶ 그 이유는?　자연증가 + 전입자 > 전출자

　　❓ 증가율이 가장 작은 곳은 어디일까?

2 인구 성장 모형 ★★★

단계6: 중요내용에 표시하기

① I단계 : 출생률과 사망률이 모두 높음 → 인구 증가가 크지 않음

ex. 아프리카, 아시아, 라틴아메리카의 원주민 집단

② II단계 : 의학발달, 생활환경 개선 등으로 사망률 감소 → 인구 폭발

ex. 아프리카, 아시아의 개발 도상국

③ III단계 : 여성의 사회참여, 가족계획으로 출생률 감소 → 인구증가 둔화

ex. 몇몇 개발도상국　❓ 어떤 국가들이 여기에 해당할까?

④ IV단계 : 출생률과 사망률이 모두 감소 - 인구 정체

ex. 선진국

단계7: 그림, 그래프 그리기

느낌!
우리나라는 3 → 4단계로
가는 중이겠지.

단계8: 수업내용에 대한 느낌 적기

(핵심단어칸)
세계 인구증감 계산법
국가 인구증감 계산법

단계9: 핵심단어칸 작성

인구 성장 모형 I~IV단계

● **다시 한 번, 효과적인 노트필기법을 단계적으로 정리해봅시다.**

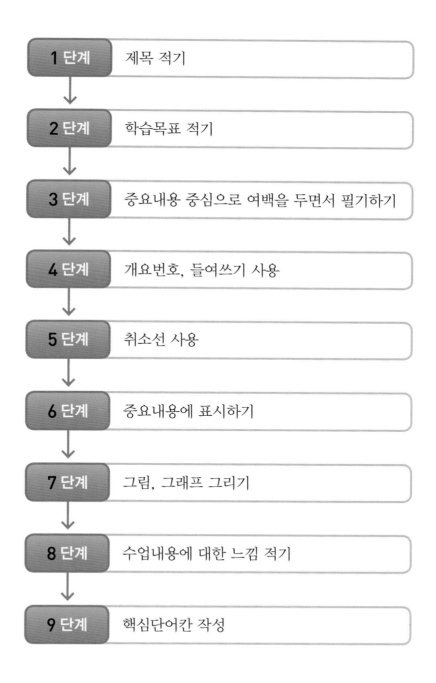

1 단계	제목 적기
2 단계	학습목표 적기
3 단계	중요내용 중심으로 여백을 두면서 필기하기
4 단계	개요번호, 들여쓰기 사용
5 단계	취소선 사용
6 단계	중요내용에 표시하기
7 단계	그림, 그래프 그리기
8 단계	수업내용에 대한 느낌 적기
9 단계	핵심단어칸 작성

노트 작성 연습

T1
25m

● **아래의 예문을 읽고 이해해봅시다.**

 예문

브라만교와 카스트 제도

학습목표
고대인도의 독특한 신분제도와 종교의 특징을 알 수 있다.

1. 아리아인들의 정착
오늘날 인도인의 대부분은 아리아인으로, 이들은 원래 중앙 아시아의 초원지대에서 살았으나, 기원전 1500년 무렵에 인도에 정착하였다. 아리아인들은 철기문화를 바탕으로 농경과 목축 생활을 크게 발전시켰으며, 갠지스 강 유역을 중심으로 크고 작은 도시 국가를 건설하였다. 훗날 인도 문화에 큰 영향을 미친 브라만교와 카스트 제도가 형성된 것도 이 무렵의 일이다.

2. 브라만교와 카스트 제도의 형성
아리아인들은 하늘, 번개, 바람, 태양 등과 같은 자연현상에도 신이 깃들어 있다고 믿었다. 그들은 신이 인간의 생활에 큰 영향을 미친다고 믿어 신에 대한 제사를 중시하였다. 이에 따라 제사가 매우 성대하게 치러졌으며, 제사 의식도 점차 체계화되었다. 그리하여 제사를 주관하는 성직자(브라만)들을 중심으로 브라만교가 성립되었다. 성직자들은 제사 의식을 독점하면서 최고의 신분으로 자리를 잡아 왕족이나 장군과 함께 지배신분을 이루었다. 반면, 아리아인에게 정복당한 원주민들은 노예가 되어 평민보다도 천대받았다. 이렇게 엄격한 신분제도를 카스트 제도라고 하는데, 이는 오늘날까지도 인도 사회에 큰 영향을 미치고 있다.

3. 카스트 제도
다음은 고대 인도의 법전에 나오는 글로, 인도 신분제도의 특징이 잘 나타나있다. '신은 브라만에게 베다를 가르치고 배우며, 제사 지내는 일을 맡기셨다. 크샤트리아에게는 백성들을 보호하고 다스릴 것을, 바이샤에게는 농사를 짓고 짐승을 기를 것을 명령하셨다. 마지막으로 수드라에게는 다른 세 신분에 속한 사람들에게 봉사하는 임무를 명령하셨다'

출처 [중학교 사회]

| 유의점 | 먼저 예문을 읽고 중요한 내용과 핵심단어를 찾아 표시한 뒤, 그 내용을 중심으로 노트를 작성할 수 있도록 지도해주십시오.

읽은 내용을 노트로 정리해봅시다.

핵심단어칸	수업(본문)내용 정리칸

Ⅰ. 브라만교와 카스트 제도

학습목표: 고대인도의 독특한 신분제도와 종교의 특징을 알 수 있다.

1. 아리아인들의 정착

1) 시기: 기원전 1500년 무렵에 아리아인들이 인도에 정착

2) 이유: 철기문화를 바탕으로 농경, 목축 생활 → 도시국가 건설

→ 인도정착

2. 브라만교와 카스트 제도의 형성

1) 이유: 아리아인들은 신을 매우 숭배, 신에 대한 제사 중시

2) 제사: 제사를 매우 성대하게 치렀음　★★★

제사를 주관하는 성직자를 중심으로 (브라만교 설립)

3) 카스트 제도: 현재까지 인도 사회에 막대한 영향을 주고 있음

→ 성직자들은 제사 의식 독점하며 최고의 신분대접

→ 원주민들은 노예가 되어 평민보다 천대받음

3. 카스트 제도(고대 인도 법전에 나오는 글: 신이 맡긴 역할)

사회쌤이 자기는 브라만이었을
거라고 했음 ;; 안물;;

- 브라만
- 크샤투리아
- 바이샤
- 수드라

브라만 : 베다 가르치고 배우며, 제사를 맡김

크샤트리아 : 백성을 보호하고 다스리기

바이샤 : 농사 짓고 짐승 기르기

수드라 : 위 세 신분들에게 봉사

이 단어들
좀 어려운데!!

핵심단어칸:

아리아인
철기문화

아리아인 종교

브라만교
카스트 제도

브라만
크샤트리아
바이샤
수드라

● **효과적인 노트법에 따라 필기하였는지, 옆 친구와 노트를 바꿔 점검해봅시다.**

> 스티커를 활용하여, 단계별로 확인합니다.

> 적용되지 못한 단계가 있다면, 그 이유에 대해 서로 이야기해 봅시다.

> 노트필기를 할 때, 앞으로 더 신경 써야 할 점은 무엇인가요?

| 유 의 점 | 친구의 노트필기를 점검하고, 잘된 점과 보완해야 할 점을 찾아 전달할 수 있도록 지도해주시기 바랍니다.

노트를 활용한 복습법

| 목표 | 노트를 만드는 궁극적인 이유는 노트를 복습과 시험 기간에 활용하기 위함입니다. 효과적인 노트양식의 가장 큰 장점은 쉽고 간단하게 복습을 할 수 있다는 점으로, 지금까지 설명한 대로 노트를 만들었다면 한 시간 수업내용을 10~15분 이내에 복습할 수 있습니다.

수업시간을 통해 배운 내용들을 일목요연하게 정리한 노트는 시험 기간에 나만의 참고서가 되기도 하지만, 매일매일의 복습을 도와주는 역할을 하기도 합니다. 노트를 활용한 효과적인 복습방법에는 어떤 것이 있을까요?

---

1. 보충하기 | 배운 내용 정확히 기억하기

수업내용 정리칸과 핵심단어칸에 적힌 내용들을 집중해서 읽고, 제대로 이해하지 못했던 부분이 있다면 참고서나 친구들의 도움을 얻어서 이해하도록 합시다.

> 모 르 는 단어, 궁금한 내용을 찾아서 노트에 적는다.

> 중요하다고 생각되는 부분에 나만의 표 시 를 한다.

> 핵 심 단 어 칸을 한 번 더 정리한다.

설명: 수업을 집중해서 들어도 우리의 두뇌에서는 빠른 속도로 망각과정이 일어나기 때문에, 모르거나 궁금한 내용은 하루 이내에 보충해야 효과적입니다.

2. 암송하기 | 배운 내용에 대한 기억 강화하기

배운 내용을 정리하고 이해하는 것만으로는 기억을 단단히 만들 수 없습니다. 암송은 기억을 가장 확실하게 해주는 방법으로, 제대로 기억한 내용과 기억하지 못한 부분을 정확하게 확인할 수 있도록 도와줍니다.

> 수 업 내 용 정 리 칸에 있는 내용을 2~3번 정독하면서, 중요한 내용들을 이해한다.

> 수업내용 정리칸은 가리고, 핵심단어칸은 보이게 한 다음, 암 송 하면서 외운 내용들을 확인하다.

 연습) **전 페이지에 작성한 노트 내용을 암송해 봅시다.**

암송은 기억을 가장 확실하게 해주는 방법으로, 배운 내용을 얼마만큼 머릿속에 입력하였는지 확인할 수 있습니다. 암송방법은 종이를 한장 꺼내서 수업내용 정리칸을 가리고 핵심단어칸의 내용을 보고 외우거나 의미를 설명하면 됩니다. 잘 외워지지 않는다면 수업내용 정리칸을 다시 읽고 암송하며, 스스로 충분히 설명할 수 있을 때까지 이 과정을 반복합니다.

노트필기 기술

★ **노트필기를 해야 하는 이유**

- 많은 학생들이 귀찮아하고 부담스러워하는 경우가 많지만 우리의 기 억 에는 한계가 있고, 수업 중의 집 중 력 을 높여주기 때문에 꼭 필요합니다.

- 학년이 올라갈수록 소화해야 할 공 부 분 량 이 더욱 많기 때문에 노트를 통한 수업내용 정리는 꼭 필요하며, 잘 정리된 노트는 시 험 기 간 에 매우 훌륭한 시험 지침서 역할을 합니다.

★ **좋은 노트필기의 조건**

- 선생님이 적어주신 내용이 잘 정리되어 있는 것
- 복습하면서 내가 추가한 내용이 담겨 있는 것
- 선생님이 하신 농담, 수업 분위기를 함께 적은 것
- 중요한 것을 확실하게 표시한 것

★ **효과적인 노트법**

- 효과적인 노트의 구성은 수 업 내 용 정 리 칸과 핵 심 단 어 칸 으로 되어 있습니다.

- 수업내용 정리칸에는 수업을 들으면서 중요하다고 생각되는 부분을 개요번호와 들여쓰기를 사용하면서 필기합니다. 여백을 두고 틀린 내용에 취소선을 사용하고 중요한 부분에 따로 표시도 해야 합니다.

- 핵심단어칸은 수업내용 정리칸에서 '수업내용을 떠오를 수 있게 하는 힌트'가 되는 핵심단어 를 찾아서 적습니다.

과 제

목표 과목을 노트에 필기하기

－ 이번 한 주 동안 목표 과목을 하나 정해 필기하고, 복습에 활용해봅시다.

2

읽은 내용을 내 것으로 만드는
책읽기 방법

효과적인
책읽기 기술

◎ **목 표**　　책읽기란 책에 있는 모든 글자를 읽어야 하는 기계적이고 지루한 작업이 아니라, 책에 있는 중요한 내용을 찾아서 자신의 지식 체계에 통합하는 적극적이고 창의적인 작업입니다. 이러한 묘미를 아는 학생들의 경우 책읽기를 두려워하지 않고 즐거워합니다. 이 장의 내용을 통해 학생들이 책읽는 방법에 대해 배우고 연습할 수 있도록 도와주십시오.

많은 양의 읽을거리를 보게 되면 "이 많은 걸 언제 다 읽지?", "왜 이렇게 이해가 안 될까?", "책을 좀 빨리 읽을 수는 없을까?", "읽은 내용을 좀 더 잘 기억할 수는 없을까?"라는 고민을 하게 됩니다. 이런 고민은 학생이라면 누구나 한 번쯤 경험하는 것입니다.

공부할 때 가장 중요하고, 또 많은 시간을 투자하는 것이 바로 책읽기입니다. 학교 공부를 하고 시험을 잘 보기 위해서는 지루한 교과서를 읽고, 정리하고, 또 외우기까지 해야 합니다. 초등학교를 거쳐, 중학교, 고등학교, 대학교로 진학하게 되면서 혼자 알아서 공부해야 하는 시간이 점차적으로 늘어나고, 혼자 공부하는 시간의 상당 부분이 책읽기이기 때문에, 책읽기를 잘하는 것은 매우 중요합니다. 그러나 학생들은 더더욱 책 읽는 것, 특히 교과서 읽는 것을 싫어합니다. 바로 책읽기에 대한 오해 때문에 더 그렇습니다.

— 책읽기란 단순히 글자를 읽는 기계적이고 지루한 작업이라는 오해와는 달리, 책에 있는 중요한 내용을 찾아서 나만의 지식으로 만드는 적극적이고 창의적인 작업입니다. 그러한 묘미를 알게 되면 책읽기를 두려워하지 않고 즐길 수 있게 됩니다. 이번 장에서는 어떻게 책을 읽는 것이 올바른 방법이며, 책을 잘 읽었을 때 우리가 얻을 수 있는 것들에는 무엇이 있는지에 대해서 알아보겠습니다.

★ 이번 시간에 배울 내용

- 책을 읽는 목적은 무엇일까?
- 책읽기 기술을 단계적으로 어떻게 적용할 수 있을까?
- 효과적인 책읽기 방식, PQ3R이란?

책읽기 체크리스트

| 목 표 | 책읽는 습관에 대한 체크리스트입니다. 자신의 책읽기 습관이 어떤지 확인하기에 좋습니다.

● 다음은 책읽기 요령을 알아보기 위한 문항들입니다. 각 문항을 읽고 자신에게 가장 적합하다고 생각되는 곳의 해당 번호에 ∨표 하세요.

문 항	∨표
1. 책을 읽고 나면 요점이 무엇인지 파악할 수 있다.	
2. 본문을 읽기 전에 목차를 먼저 본다.	
3. 내용이 어려울 때는 더 천천히 읽는다.	
4. 중요한 부분에 밑줄을 치거나 따로 표시를 한다.	
5. 이해가 안 되면 여러 번 반복해서 읽는다.	
6. 표나 그림, 그래프를 빼놓지 않고 확인한다.	
7. 책을 다 읽고 나면 읽은 내용을 머릿속으로 정리한다.	
8. 나중에 보기 편하도록 이해한 내용을 노트나 책의 여백에 적는다.	

총 개수 :

● ∨표시한 문항의 개수를 세어보세요. 만약 4개 이하의 개수가 나왔다면, 이번 시간을 통해 자신이 부족했던 영역을 보완해 보세요.

0~2개 ⟶ 책읽기 습관이 많이 부족해요.

3~4개 ⟶ 조금 더 노력해야겠어요.

5~6개 ⟶ 좋은 습관이 많은 편이네요.

7~8개 ⟶ 아주 잘하고 있어요.

| 유 의 점 | 자신이 '희망하는 책읽기 기술'이 아니라, 자신이 실제로 하고 있는 방식에 표시하도록 하는 게 중요합니다.
또한, 체크하지 않은 문항들을 토대로 자신이 어떤 부분을 소홀히 해왔는지 검토할 수 있도록 지도해주시기 바랍니다.

자신의 책읽기 능력을
어느 정도라고 생각하나요?

A2
4m

● 어디에 해당하나요?

높음　　　　　　보통　　　　　　낮음

> 그 이유는 무엇인가요?

▶ 가능한 답변 예시
- 높음 : 책을 읽은 후에도, 책의 전체 줄거리와 핵심내용을 설명할 수 있음
　　　　 (책을 읽고 핵심내용에 줄을 치고 메모장에 간략히 정리함).
- 낮음 : 책을 읽은 후에도, 부분적으로만 기억이 날 뿐, 전체 흐름은 이해가 되지 않음
　　　　 (읽어야 할 부분만 읽음).

다음의 책은 어떤 방식으로
읽는 것이 좋을까요?

A3
4m

| 목표 | 만화책과 교과서는 그 내용이나 구성이 분명히 다르기 때문에, 책읽기 방식 또한 많이 달라야 합니다. 만화책을 읽는 방식으로 교과서를 읽으면 읽은 후에도 그 내용이 기억나지 않게 됩니다. 다음의 활동을 통해, 책의 종류에 따라 읽는 방식이 달라져야 하는 이유에 대해서 생각해보도록 합니다.

만화책

- 그림 위주로 스토리를 파악하며 읽음
- 세세한 정보는 암기하지 않음

교과서

- 중요한 내용을 파악하고 이해하며 읽음
- 핵심단어 및 내용은 암기
- 그림, 표를 본문 내용과 연결하여 이해

> 책은 읽는 　종　류　에 따라 읽는 　방　법　이 다릅니다.

책읽기 상식 퀴즈

|목표| 우리가 알고 있는 책읽기 방법이 효과적인지 아닌지를 탐색해봄으로써, 효과적인 책읽기 방식을 정리할 수 있습니다.

A4
10m

● 아래에 제시된 그림을 보고, 주인공의 생각이 옳다고 생각되면 O, 아니면 X에 동그라미 하세요.

"제대로 책을 읽기 위해서는
책에 있는 모든 단어를
다 읽어야 한다."

[O , X]

"책읽기에서 제일 중요한 것은
'얼마나 많은 책을 읽느냐'이다."

[O , X]

"책은 한 번만 집중해서
읽으면 된다."

[O , X]

☐ 그림 1. 책은 중요한 내용과 중요하지 않은 내용으로 구성되어 있습니다. 따라서 중요하지 않은 단어나 내용은 생략하고 읽는 것이 더 효과적입니다.
그림 2. 책을 무작정 많이 읽는 것보다, 중요한 책을 한 권 골라서 그 내용을 완전히 이해하는 편이 오히려 효율성 측면에서 더 뛰어난 경우가 많습니다.
그림 3. 책을 한 번만 읽어서 계속 기억하기란 거의 불가능합니다. 책의 내용이 이해될 때까지 3~4번은 반복해서 읽는 편이 좋습니다.

"책은 빨리 읽는 것이 중요하다."

[O , X]

"책은 깨끗이 봐야 한다."

[O , X]

☐ 그림 4. 책은 빨리 읽는 것보다 정확히 이해하며 읽는 것이 중요합니다.
그림 5. 책을 읽으면서 중요내용에 표시를 하면, 다시 읽을 때 길잡이 역할을 하여 이해를 높이고 읽는 시간을 줄여줍니다.

책을 잘 읽는다는 것은... 책을 잘 읽으면...

- 책의 전체적인 내용을 이해할 수 있다.
- 중요한 내용이 무엇인지 알고, 오랫동안 기억할 수 있다.
- 내가 이전에 알던 지식들과 연결할 수 있다.

간단한 책읽기 연습

│ **목표** │ 이 활동을 통해 학생들에게 책을 읽는 방법에 따라 핵심내용을 파악할 수 있는 정도가 달라짐을 인식시키도록 합니다.
핵심을 파악하고 있는 학생의 경우, 처음부터 지문 전체를 꼼꼼히 읽는 데 시간을 할애하기보다는 핵심내용을 위주로 읽어
내려 가면서 글의 전체적인 흐름을 파악하고 글의 주제가 담긴 문단을 찾아 이해하는 데 중점을 둡니다.

A5
7m

● **30초 동안, 다음의 글을 읽고 핵심주제를 파악하세요.**

start!

예문

문화를 바라보는 다양한 관점

사람이 살아가기 위해서는 많은 것들이 필요하다. 우선 기본적인 욕구를 해결하고 환경에 적응하려면 의식주, 교통 및 통신수단과 같은 물질적인 것이 있어야 한다. 그리고 사회 전체의 질서를 지키기 위해 가족, 정치, 경제, 법, 교육 등의 사회 제도를 마련해야 할 것이다. 또한 삶을 보다 풍요롭게 하기 위해서 학문, 종교, 예술 등의 활동을 하기도 한다. 이와 같이 한 사회의 구성원들이 가지고 있는 공통의 생활 모습 또는 행동 양식을 문화라고 한다.

인간은 여러 사회화 기관에서 다른 사람과의 상호작용을 통해 문화를 학습한다. 따라서 졸려서 하품을 하거나, 배가 고파서 먹는 행동 등은 본능적인 것이기 때문에 문화라고 하지 않는다. 한 사회의 문화는 말과 글을 통해서 한 세대에서 다음 세대로 계속 전달되면서 오랫동안 축적된다.

이렇듯, 인간이라면 누구나 음식을 먹고 언어를 사용하며 종교 및 예술활동을 한다. 이러한 인간의 공통적인 생활 모습으로 인하여 어느 사회에서나 보편적인 문화 현상이 나타난다. 하지만 각 사회의 구성원들은 주어진 특수한 환경과 상황에 적응하면서 나름의 생활 방식을 개발해왔다. 이와 같이 지역마다 생활모습이 다르기 때문에 문화는 다양하게 존재하는 것이다.

어느 사회에서든지 볼 수 있는 보편적인 생활 양식이 있지만 각 지역마다 다양한 생활모습이 나타나기 때문에 우리는 문화를 서로 비교할 수 있다. 각 사회의 문화를 서로 비교하여 공통점과 차이점을 명확히 구별하면 그 사회의 문화를 보다 잘 이해할 수 있다. 문화를 비교할 때 주의할 점은 문화 간에 우열을 가려서는 안 된다는 것이다. 각 사회의 다양한 문화는 고유의 가치와 의미를 가지고 있기 때문에 어떤 절대적인 기준에 의해 판단될 수 없다.

대부분의 사람들은 자신에게 익숙한 생활 모습이 옳고 좋은 것이며, 다른 사회의 낯선 생활 모습은 그르고 나쁜 것이라고 생각하는 경향이 있다. 이처럼 자신의 문화를 기준으로 삼아 다른 사회의 문화를 부정적으로 평가하고 자신이 속한 문화를 가장 우수하다고 믿는 태도를 자문화 중심주의라고 한다. 반대로 어떤 사람들은 다른 사회의 문화만을 가치 있는 것으로 여겨 자신이 속한 문화를 무시하거나 낮게 평가하기도 하는데 그러한 태도를 문화 사대주의라고 부른다.

stop!

> 자문화 중심주의나 문화 사대주의와 같이 문화의 다양성과 상대성을 인정하지 않는 태도로 문화 제국주의가 있다. 문화 제국주의란 사회가 그들의 문화를 다른 사회에 강요하는 것을 말한다. 오늘날 선진국이 영화나 음악, 음식 등 새로운 문화상품을 가지고 개발도상국에 진출하여 그 지역의 가치관과 생활 양식에 영향을 주는 것도 문화 제국주의라 할 수 있다.
>
> 한 사회의 문화는 독특한 자연환경과 사회적 상황에 맞게 발전해온 것이기 때문에 나름대로 가치와 의미가 있다. 따라서 어떤 문화가 더 좋고, 나쁘다는 평가를 내릴 수는 없다. 다양한 문화를 바르게 이해하기 위해서는 한 사회의 문화를 그 사회의 입장에서 바라보고 판단하려는 문화 상대주의적 태도가 필요하다.
>
> 출처 [중학교 사회]

● **위의 글을 가린 후, 이 글의 요지를 적어봅시다.**

> 어떤 문화가 더 좋고 나쁘다는 평가를 내릴 수는 없으며, 다양한 문화를 바르게 이해하기 위해서는
> 한 사회의 문화를 그 사회의 입장에서 바라보고 판단하려는 문화 상대주의적 태도가 필요

● **30초 안에 글 속의 핵심을 찾을 수 있었나요? 어떻게 하면 짧은 시간 내에 글의 핵심내용을 파악할 수 있을까요?**

책읽기의 단계

책을 읽는다는 것은 그 안에 담겨 있는 지식들을 이해하고 기억하기 위한 과정을 의미합니다. 이를 달성하기 위해서는 전략이 필요하며, 이제까지 밝혀진 효과적인 책읽기 방식으로는 PQ3R이 있습니다.

● **아래 빈칸에 해당하는 단어를, 스티커에서 찾아 붙여봅시다.**

*방해단어에 속지 마세요!

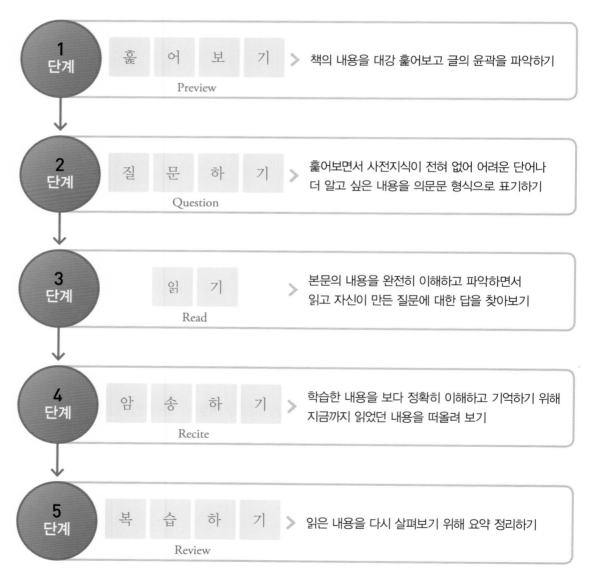

1단계	훑 어 보 기 Preview	책의 내용을 대강 훑어보고 글의 윤곽을 파악하기
2단계	질 문 하 기 Question	훑어보면서 사전지식이 전혀 없어 어려운 단어나 더 알고 싶은 내용을 의문문 형식으로 표기하기
3단계	읽 기 Read	본문의 내용을 완전히 이해하고 파악하면서 읽고 자신이 만든 질문에 대한 답을 찾아보기
4단계	암 송 하 기 Recite	학습한 내용을 보다 정확히 이해하고 기억하기 위해 지금까지 읽었던 내용을 떠올려 보기
5단계	복 습 하 기 Review	읽은 내용을 다시 살펴보기 위해 요약 정리하기

활동tip 개인활동이나 조별 활동 모두 진행 가능합니다.
정답낱자와 방해낱자가 뒤섞여 제시된 스티커 중에서, PQ3R에 해당하는 낱자를 골라 붙이면 됩니다.

책읽기 1단계: 훑어보기 Preview

| 목표 | '훑어보기'란 학습할 내용을 자세히 읽어가기 전에 우선 전반적인 줄거리를 대략적으로 살펴보는 것을 말합니다. 책을 상세히 읽기 전에 미리 대략적으로 훑어보기를 해두면, 기본적인 배경지식을 갖게 되므로 이해하기가 훨씬 쉬워집니다.

● **둘 중 누가 정상에 빨리 도착할까요?**

> 산을 오르기 전 미리 표지판을 통해 길을 확인한 사람이 정상에 더 빨리 오를 가능성이 높음.
> 대략적인 길을 알고 가는 것과 그렇지 않은 것은 등산의 과정과 시간상에서 큰 차이를 가져올 수 있음.

● **교과서를 활용한 훑어보기 방법은 다음과 같습니다. 빈칸에 해당하는 단어들을 아래 상자에서 찾아 적어봅시다.**

> 핵심단어, 목차, 본문, 그래프, 단원 소개, 제목, 그림, 지도, 탐
> 구문제, 추측, 이해, 암기, 알고 있던, 추측했던

> 단 원 소 개 , 목 차 , 제 목 등을 읽고, 전체적인 흐름을
  추 측 해본다.

> 그 림 , 지 도 , 그 래 프 등을 간단히 살펴본다.

> 진하게 표시된 핵 심 단 어 를 읽어본다.

> 훑어보기 후에 알 고 있 던 내용을 떠올린다.

책읽기 2단계 : 질문하기 Question

| 목 표 | 호기심은 우리로 하여금, 그것에 대해 알고자 하고 집중하게 만듭니다. 따라서 책 내용에 대해 호기심을 갖는 것은 매우 중요하며, 호기심을 일으키는 가장 좋은 방법은 책 내용에 대한 궁금증입니다. 책에 대한 궁금증은 구체적으로는 책을 읽으며 '이건 무슨 내용이지?', '이건 뭘 말하는 걸까?'처럼 질문을 던지는 것을 의미합니다.

● **다음 중 어느 광고에 사람들이 더 흥미를 보일까요?**

〈제품에 대한 길고 복잡한 설명〉

〈기계를 수중에서 작동하는 실험장면〉

제품기능을 글로 자세하게 전달하는 광고보다는, 제품의 주 기능을 시각과 같이 제한적인 방식으로 전달하는 광고가 호기심을 일으켜, 훨씬 구매자의 관심을 집중시킬 것으로 생각됨

● **책을 읽으며 질문을 만드는 세 가지 요령은 아래와 같습니다.**

> 큰제목과 소제목을 의 문 문 으로 만들기

> 단원 소 개 나 학습 목 표 를 읽으며 질문거리 만들기

> 훑어보기를 하며 자유롭게 질문거리 만들기

책읽기 연습 : 훑어보기 + 질문하기

T1
10m

● 앞에서 배운 내용을 떠올리며, 아래의 차례를 살펴봅니다. 궁금한 내용이나 잘 모르는 단어에는 나만의 표시(☆, ?)를 해봅시다.

차례

Ⅳ. 소화와 순환 138

Ⅴ. 호흡과 배설 184

    1. 우리 몸에서 공기가 지나가는 길 186

    2. 숨쉬기 운동이 일어나는 방식 190

    3. 들숨과 날숨의 성분이 다른 이유 194

    4. 생물이 호흡하는 이유 198

    5. 흡연과 우리 몸의 건강 202

    6. 우리 몸에서 노폐물의 처리 과정 206

    7. 콩팥의 종류 212

'호흡과 배설' 단원소개

일상에서 벗어나 동경해왔던 높은 산이나 혹은 깊은 바다를 탐험하는 일은 상상만으로도 흥분되는 일이다. 그러나 우리가 생활해왔던 이 땅을 벗어날 때, 가장 먼저 부딪히는 문제는 숨을 쉬는 일이다. 그래서 높은 산을 등반하거나 바닷속을 즐기기 위해서는 공기통의 도움을 받아야 한다. 평소에 미처 의식하지 못하던 숨쉬기라는 일이 우리의 터전 밖에서는 그리 쉬운 일이 아닌 것이다. 숨을 쉰다는 것은 어떤 의미를 가지고 있을까?

> 이 책에는 어떤 내용이 있을 거라고 예상할 수 있을까요?

- 호흡의 원리 및 과정
- 호흡과 관련된 신체기관
- 담배가 몸에 미치는 영향
- 노폐물의 처리과정

> 나만의 의문점을 만들어 봅시다. 가능한 한 창의적인 질문을 만들수록 좋습니다.

- 숨은 왜 쉬어야 하며, 높은 산에 올라가면 숨 쉬는 것이 왜 어려운가?
- 사람은 보통 얼마나 숨을 참을 수 있으며, 호흡량은 어떻게 측정할 수 있나?
- 청소년기에 담배가 특별히 더 나쁜 이유는 무엇인가?
- 우리 몸의 노폐물에는 무엇이 있는가?

| 유 의 점 | 책읽기 방법 중 '훑어보기, 질문하기'를 적용하여 글을 읽을 수 있도록 돕고, 빈칸을 채우도록 지도해주십시오.

책읽기 3단계 : 읽기 Read

| 목표 | 책을 읽기 위한 준비운동을 다 했다면, 본격적으로 책의 몸통인 본문을 읽습니다. 이때 가장 중요한 것은 책의 전체적인 흐름을 파악하고 핵심내용이 무엇인지 구분하는 것입니다. 또한 본문의 내용을 완전히 이해하기 위해서, 미리 만든 질문거리에 대한 답을 찾아야 합니다.

C4
10m

● 읽기의 목적과 요령은 다음과 같습니다. 퍼즐이 맞춰지면 완성된 그림을 볼 수 있듯이, 네 가지 전략을 적용하여 본문을 읽으면, 책의 전체 내용이 한눈에 보입니다.

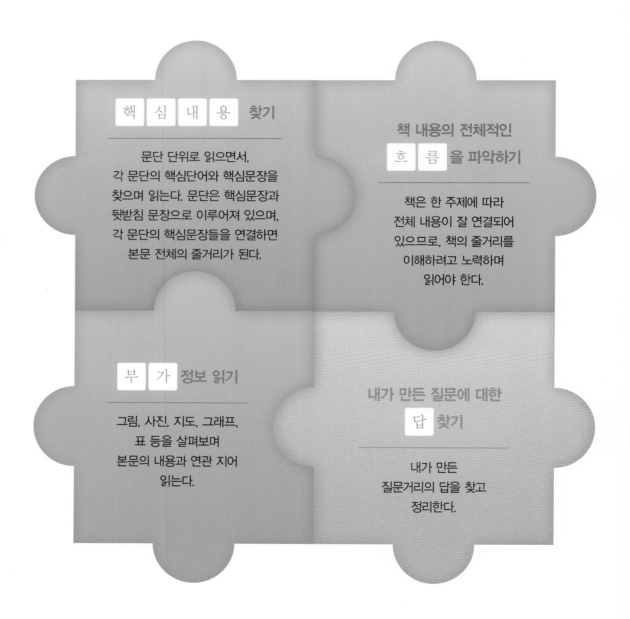

핵 심 내 용 찾기

문단 단위로 읽으면서,
각 문단의 핵심단어와 핵심문장을
찾으며 읽는다. 문단은 핵심문장과
뒷받침 문장으로 이루어져 있으며,
각 문단의 핵심문장들을 연결하면
본문 전체의 줄거리가 된다.

책 내용의 전체적인
흐 름 을 파악하기

책은 한 주제에 따라
전체 내용이 잘 연결되어
있으므로, 책의 줄거리를
이해하려고 노력하며
읽어야 한다.

부 가 정보 읽기

그림, 사진, 지도, 그래프,
표 등을 살펴보며
본문의 내용과 연관 지어
읽는다.

내가 만든 질문에 대한
답 찾기

내가 만든
질문거리의 답을 찾고
정리한다.

책읽기 연습 : 읽기

● **꼭꼭 숨어있는 핵심단어를 찾아, 각 문단별로 표시해봅시다.**

예문

5. 흡연과 우리 몸의 건강

대부분의 나라에서 강력한 금연 정책을 펼치고 있을 만큼 담배로 인한 피해가 심각한데도 여전히 많은 사람들이 담배를 피우는 이유는 무엇일까? 또한 어떻게 하면 흡연율을 줄일 수 있을까?

1. 담배는 왜 해로운가?

담배 안에는 여러 가지 독성물질이 포함되어 있다. 원래 담배를 만들 때 재료로 사용된 식물에 포함된 것에서부터 담배를 제조할 때 첨가된 화학물질, 그리고 담배가 될 때 만들어지는 화학물질까지 매우 다양하다. 담배 안에 들어있는 독성 물질 중에는 비록 적은 양이지만, 해충이나 잡초를 죽일 때 사용하는 독극물도 있고, 사체의 부패를 막는 데 사용되는 성분, 그리고 심지어는 인체에 치명적인 위해를 주는 독가스 성분도 들어있다. 담배를 태울 때 발생하는 수천 가지의 해로운 성분 중에서 타르와 니코틴, 일산화탄소 등은 사람에게 해로움을 주는 대표적인 물질들이다.

2. 담배 연기는 특히 호흡기에 치명적인 손상을 유발한다.

우리 몸에서 호흡기는 공기 중에 직접 노출되기 때문에 쉽게 감염되거나 손상될 수 있는 부위이다. 특히, 요즘에는 대기 오염이나 각종 병원성 세균, 바이러스 등에 의해 호흡기 관련 질환이 증가하고 있다. 흡연자의 호흡기는 담배 연기가 직접 지나는 통로이므로 그 유해 성분으로 인해 심각한 손상을 입게 된다. 타르와 니코틴 등의 물질은 섬모나 점막, 기관지나 폐포 등을 손상시켜 호흡기의 정상적인 기능을 방해할 뿐만 아니라 폐암이나, 폐렴, 천식 등의 호흡기 질병을 유발한다.

흡연은 호흡기 외에도 위암, 자궁경부암, 후두암, 췌장암 등 다양한 암 발생의 주요 원인이 되며, 동맥경화증, 뇌혈관질환 등을 유발하는 원인이 되기도 한다. 특히, 청소년기에 흡연을 시작할 경우, 아직 정신적으로나 신체적으로 미성숙한 상태에서 담배 안의 발암 물질 및 유해 화학물질에 노출되기 때문에 중독되기 쉬우며 건강에 심각한 악영향을 받을 수 있다.

3. 흡연은 흡연자만의 문제가 아니다.

담배가 흡연자에게만 피해를 주는 것은 아니다. 타고 있는 담배에서 생기는 연기나 흡연자가 내뿜는 담배 연기는 주변의 사람에게도 심각한 문제를 일으킨다. 담배 연기가 공기, 특히 밀폐된 실내 공기를 오염시키면 주변 사람들이

| 유 의 점 | 책읽기 방법 중 '본문읽기'를 적용하여 각 문단에서 핵심단어를 찾고, 이를 중심으로 핵심문장을 구성할 수 있도록 돕습니다.

이것을 마시게 되어 흡연자나 비흡연자 모두가 해로운 영향을 받는다. 실제로 부모의 흡연으로 자녀의 호흡기가 손상되거나 남편이 피운 담배에 아내가 폐암으로 죽는 일이 생기기도 한다. 그래서 세계 각국에서는 공공장소에서의 흡연을 금지하였고 이를 점차 확대하고 있다. 또한, 담배 관련 경고 문구의 강화, 금연 구역의 확대, 금연 캠페인 전개 등의 활동을 강화한 결과 흡연 인구는 점차 줄어들고 있다.

출처 [중학교 사회]

> 찾은 핵심단어를 이용하여 핵심문장을 만들어봅시다.

담배 안에는 여러 가지 독성물질이 포함되어 있어,

호흡기의 정상적인 기능을 방해하고 호흡기 질병을 유발한다.

또한 흡연은 암 발생의 주요 원인이며, 주변 사람에게도 심각한 문제를 초래한다.

책읽기 4단계 : 암송하기 Recite

| 목 표 | 암송과 복습은 배운 내용을 오랜 기간 동안 기억할 수 있도록 돕습니다.

C5
3m

책을 읽고 있을 때는 그 책을 잘 이해하고 있고 앞으로도 전부 기억할 것 같은 느낌
이 들지만, 사실은 그렇지 못합니다. 방금 전 읽은 내용을 잘 알고 있는지를 확인하
기 위해서는 그 내용을 암송하는 것이 효과적입니다.

● **암송하는 방법은 다음과 같습니다.**

> 책을 덮고, 읽은 내용을 자 기 말 로 표현해보는 것

책읽기 5단계 : 복습하기 Review

C6
3m

인간의 기억력에는 한계가 있기 때문에, 이미 읽고 배웠던 내용이라도 일정한 간격
을 두고 반복적으로 복습하는 것이 공부에 효과적입니다.

● **복습하는 방법은 다음과 같습니다.**

> 복습은 일정 간 격 을 두고 읽은 내용을 확인하는 것

책은 한 번만 읽어서는 기억할 수 없으므로,
복습을 통해 다시 한 번 읽을 필요가 있습니다.
책을 다시 읽을 때는 보통, 처음 읽은 시간의 반도 걸리지 않습니다.

책읽기 연습 : 암송하기 + 복습하기

● 앞에서 정리한 내용을 자기 말로 간단히 표현해보세요.

● 앞에서 정리한 내용과 비교해서, 얼마나 암송할 수 있었나요? 제대로 기억나지 않으면,
다시 책을 펴고 그 부분을 점검해봅시다.

● 책을 통해 습득한 지식을 장기간 기억하기 위해 복습계획을 세워봅시다.

1. 오늘 저녁에 다시 복습
2. 주말에 복습
3. 한 달 후 복습

효과적인 책읽기 기술

★ **책읽기의 핵심은 앞서 본 PQ3R의 절차입니다. 아래 빈칸을 채워봅시다.**

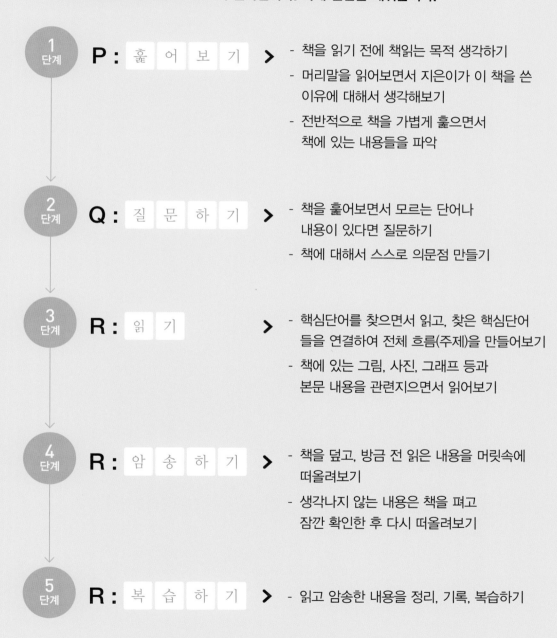

1단계 **P :** 훑 어 보 기 〉
- 책을 읽기 전에 책읽는 목적 생각하기
- 머리말을 읽어보면서 지은이가 이 책을 쓴 이유에 대해서 생각해보기
- 전반적으로 책을 가볍게 훑으면서 책에 있는 내용들을 파악

2단계 **Q :** 질 문 하 기 〉
- 책을 훑어보면서 모르는 단어나 내용이 있다면 질문하기
- 책에 대해서 스스로 의문점 만들기

3단계 **R :** 읽 기 〉
- 핵심단어를 찾으면서 읽고, 찾은 핵심단어 들을 연결하여 전체 흐름(주제)을 만들어보기
- 책에 있는 그림, 사진, 그래프 등과 본문 내용을 관련지으면서 읽어보기

4단계 **R :** 암 송 하 기 〉
- 책을 덮고, 방금 전 읽은 내용을 머릿속에 떠올려보기
- 생각나지 않는 내용은 책을 펴고 잠깐 확인한 후 다시 떠올려보기

5단계 **R :** 복 습 하 기 〉
- 읽고 암송한 내용을 정리, 기록, 복습하기

과 제

교과서를 한 권 골라서, 아래의 순서에 맞게 기록하면서 읽어봅시다.

훑어보기 Preview	· 내가 책을 읽는 이유는? · 책의 전체적인 내용은?
질문하기 Question	· 궁금하거나 잘 모르는 내용은?
읽기 Read	· 본문의 중심내용은? · 내가 만든 의문점의 답은?
암송하기 Recite	· 본문의 중심내용을 요약하면? · 책을 덮고, 이해한 내용을 암송해봅시다.
복습하기 Review	· 관련 문제를 풀어봅시다.

3

습관만 바꿔도
기억력이 높아진다!

기억력 향상 전략

◎ **목 표**　　배운 것을 잊어버리는 것은 인간이라면 당연한 경험이고, 당연한 결과입니다. 많은 학생들이 자연스럽게 일어나는 망각과정을 '자신의 머리가 나빠서'라고 생각하는 경우가 많습니다. 학생들의 기억력 향상을 위해 기본적인 기억의 단계에 대해 이해하도록 도와주십시오. 그리고 기억을 향상시키기 위해서 거쳐야 하는 절차들을 제대로 이행한다면, 기억력은 얼마든지 변화 가능한 것임을 알도록 지도해주십시오. 특히, 개개인의 기억전략에서의 문제점을 탐색하고, 그 해결책을 찾아보는 실제적인 적용은 많은 도움이 될 것입니다. 자신만의 구체적인 행동 전략들을 가질 수 있도록 동기를 심어주십시오.

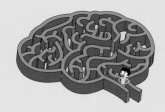

다음은 한 여학생의 고민 상담글입니다.

"저는 중학교 3학년인데요...저는 암기 과목을 원래부터 못하진 않았어요. 중학교 1학년 때는 그래도 암기과목이 평균 점수는 나왔는데요. 중2를 지나 중3이 되면서 자꾸 점수가 떨어져요.
왜 그렇게 암기에 약한지 모르겠어요...다른 아이들은 모두 쉽다 하는 그 암기과목을요. 아무리 외워도 시험을 보면 다 잊어버려요. 시험공부를 하면서 분명히 읽은 것이어서, 어디에 나온다는 것까지 기억이 나는데도 정확한 내용이 기억나질 않아요. 심지어는 시험 보기 바로 직전에 본 단어까지 잊어버리는 일이 십상이에요. 국사나 과학이나 도덕 같은 과목에서 점수를 너무 많이 깎아 먹어서 속상해요. 저도 암기 잘하고 싶은데...마음처럼 잘되지 않아요. 암기를 잘하는 그런 방법은 없을까요? "

여러분도 한 번쯤 이런 고민을 해 본 적이 있나요?
분명히 본 것 같은데 기억이 나지 않고, 방금 봤는데도 정확한 단어나 뜻이 기억나지 않을 경우, 우리들 대부분은 '내 머리가 나쁘다' 혹은 '나는 원래 안 된다'라는 생각을 가지고 포기하는 경우가 참 많습니다.

—   하지만 기억을 잘하기 위한 방법은 분명히 있습니다. 이번 장에서는 기억이란 무엇이고, 어떻게 공부해야 기억력을 높일 수 있는지에 대해서 알아보겠습니다.

★ 이번 시간에 배울 내용

• 기억이란?   • 배운 내용을 망각하게 되는 이유는 무엇인가?
• 효과적인 기억의 5단계란?

기억 습관 체크리스트

| 목표 | 평상시 어느 정도나 기억전략을 사용하고 있는지를 점검하는 문항들로, 현재 자신의 기억전략이 어느 수준인지 확인할 수 있습니다.

● **각 항목을 읽고 자신에게 해당되는 번호에 ∨표 하세요.**

문 항	∨표
1. 한 번에 몰아서 공부하기보다 조금씩 자주 공부하는 편이다.	
2. 암기 과목은 그날그날 복습한다.	
3. 외워야 할 내용이 있으면 먼저 요약해 본다.	
4. 공부한 내용이 시험에서도 잘 기억난다.	
5. 무작정 외우기보다는 먼저 이해하려고 노력한다.	
6. 공부할 때 제대로 외워졌는지 눈을 감고 떠올려 본다.	
7. 등·하굣길에도 영어 단어나 수학 공식을 암기한다.	
8. 나만의 효과적인 기억 방법을 가지고 있다.	

총 개수 :

● **∨ 표시한 문항의 개수를 세어보세요. 만약 4개 이하의 개수가 나왔다면, 이번 시간을 통해 자신이 부족했던 영역을 보완해보세요.**

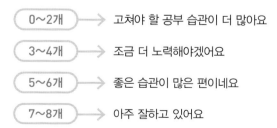

(0~2개) → 고쳐야 할 공부 습관이 더 많아요

(3~4개) → 조금 더 노력해야겠어요

(5~6개) → 좋은 습관이 많은 편이네요

(7~8개) → 아주 잘하고 있어요

| 유의점 | 학생들이 체크하지 않은 문항들이 무엇인지 확인하고 왜 그러한지 질문을 하면, 개개인의 공부습관에 대해 보다 자세히 알 수 있습니다.

기억이 잘될 때 vs 안될 때

| 목 표 | 기억이 잘되는 상황과 그렇지 않은 상황을 비교해봄으로써, 자신의 노력과 관여 정도에 따라 기억에도 차이가 나타난다는 것을 이해하도록 합니다. 대개 기억이 잘 나는 상황이나 과목의 경우 자신의 흥미와 관련이 있는 경우가 많으며, 따라서 다른 것들보다 더 자주 공부하고, 공부하는 동안의 집중력 역시 더 높습니다.

● **기억이 잘되는 상황과 그렇지 않은 상황에 대해서 정리해봅시다.**

기억이 잘될 때

기억이 안될 때

● **둘 간에는 어떤 차이가 있을까요?**

기억력 TEST!

| 목표 | 이 활동을 통해 학생들에게 기억력의 한계를 인식시키도록 합니다.

A3
5m

● **당신은 탐정입니다. 아래의 그림을 30초간 본 후 다음 문제를 해결하세요.**

> 도둑이 물건을 훔쳐갔습니다. 가져간 물건들은 무엇입니까?

> 얼마나 찾았나요? 방금 본 장면인데도, 왜 모두 기억나지 않는 걸까요?

| 유 의 점 | 시각적 자극을 통한 기억실험입니다. 대개 7개 정도 성공 가능합니다. 답을 유도할 필요는 없으며, 기억나지 않는 직관적 이유를 들어봅니다.

기억이란?

| 목 표 | 기억은 일련의 과정으로 구성되어 있습니다. 기억은 약호화(recoding), 파지(retention), 회상(recall)의 3단계로
구분될 수 있습니다. 본 교재에서는 학생들이 이해하기 쉽게 '입력-받아들이기', '저장-가지고 있기', '인출-불러오기'로
표현하였습니다. 공부를 열심히 했는데도, 시험을 볼 때 기억이 나지 않는 경우, 기억 과정의 3단계 중 어느 한 군데에서
잘못되었기 때문일 것입니다.

● **기억의 과정**

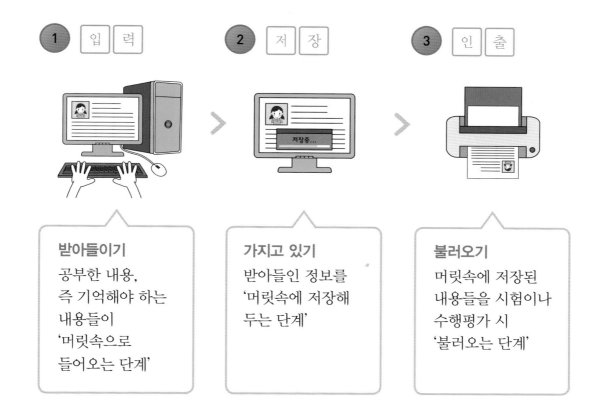

1 입 력

2 저 장

3 인 출

받아들이기
공부한 내용,
즉 기억해야 하는
내용들이
'머릿속으로
들어오는 단계'

가지고 있기
받아들인 정보를
'머릿속에 저장해
두는 단계'

불러오기
머릿속에 저장된
내용들을 시험이나
수행평가 시
'불러오는 단계'

● **기억의 정의**

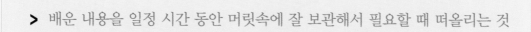

> 배운 내용을 일정 시간 동안 머릿속에 잘 보관해서 필요할 때 떠올리는 것

기억의 종류

| 목표 | 기억은 정보가 저장되는 시간에 따라 단기기억과 장기기억으로 나눌 수 있습니다.
기억의 종류와 그 특징에 대해 살펴봄으로써, 기억에 대한 이해를 높이도록 합니다.

C2
10m

공부를 하다 보면 영어 단어나 한자와 같이 기억하려고 노력했음에도 불구하고 짧은 시간 안에 쉽게 잊어버리게 되는 것이 있는 반면에, 지금 사용하고 있는 한글의 어휘처럼 잊혀지지 않는 것이 있습니다. 이러한 현상은 기억이 하나의 과정을 따라 일어나며 그 종류가 다르기 때문인데요, 기억의 종류에는 어떤 것들이 있는지 자세히 알아봅시다.

단기기억

● **선생님이 부르는 단어를 잘 듣고, 기억나는 대로 아래 빈칸에 적어봅시다.**

> **다음의 단어를 일초에 한 개씩 읽어주세요.**
>
> 1. 인형 2. 액자 3. 장작 4. 사공 5. 모래 6. 연탄 7. 연필 8. 얼굴 9. 담요 10. 우유 11. 구두 12. 정원 13. 양파 14. 철망 15. 도로
>
> 단어를 읽는 동안 학생들은 단어를 듣는 것에만 집중할 수 있게 해주세요. 단어를 모두 읽은 후에는 바로 회상하지 못하도록,
> '100-7=93', '93-7=86', '86-7=?' 정도의 간단한 수 연산문제를 다 함께 풀어본 후에 기억나는 단어를 적도록 해봅시다.

● **단기기억은 다음과 같은 특징이 있습니다.**

> 보통 0~30 초 정도 기억되고

  5~9 개의 단위로 기억된다.

장기기억

인간에게 단기기억만 존재했다면 어떻게 되었을까요? 다행히도 우리에게는 장기기억이 있어 많은 정보들을 머릿속에 저장하고 필요할 때 언제든지 떠올릴 수 있습니다.

● **그렇다면 장기기억은 어떤 특징을 갖고 있을까요?**

> 기억 용량이 무   한 하고

  평   생 기억된다.

● **장기기억의 예를 들어봅시다.**

▶ **가능한 답변 예시**
구구단, 집 전화번호, 주민등록번호

기억의 한계

| **목표** | 배운 것을 잊어버리는 것은 당연한 결과라는 것을 과학적인 실험결과를 토대로 설명해줍니다.
이를 통해서 학생들이 '나는 기억력이 나빠서 공부를 못한다'와 같은 부정적인 자기신념을 수정할 수 있도록
도울 수 있습니다.

● 기억이 잘 나지 않는 이유

심리학 연구 결과에 따르면 한 번 학습한 내용은 10분 후부터 망각되기 시작하며,
1시간 뒤에는 5 0 %가, 하루 뒤에는 약 7 0 %를 망각하게 된다고
합니다.

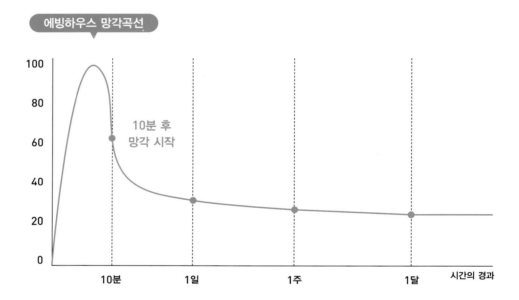

아무리 열심히 집중해서 들은 내용일지라도 1 시간이 지나면
약 5 0 % 정도만 기억나게 된다.
따라서 공부한 것을 잊어버리는 것은 당연한 것이다.

● **기억을 잘한다는 것은?**

앞서 실험에서 살펴보았듯이 시간에 따라 인간이 잊어버리는 속도는 정말 빠르게 일어납니다. 우리의 기억력이 이 정도밖에 안 된다는 사실에 실망할 수도 있는데요, 그러나 공부한 내용을 잊어버리기 전에 여러 가지 전략을 사용한다면 망각률을 낮출수 있습니다. 그중 가장 기본적인 방법이 바로 '반복'입니다.

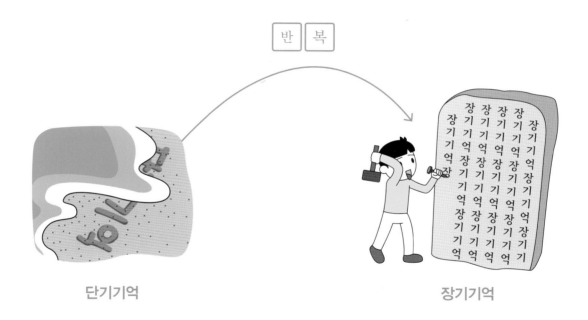

단기기억   장기기억

|유 의 점| 기억의 핵심 원리는 반복입니다. 기억을 잘한다는 것은 단기기억 속에 들어있는 방금 배운 내용을 여러 번 반복해서 장기기억으로
잘 넘겨주는 것이라고 말할 수 있습니다. 벼락치기로 하는 시험공부가 효과적이지 못한 이유도 바로 이 반복의 과정을 거치지 못하기
때문입니다. 학생들은 어떤 획기적인 방법이 있어서 한 번만 공부해도 다 기억하기를 바라는 마술적인 기대를 가지고 있을 수 있습니다.
하지만 아무리 좋은 기억전략이라고 해도 '반복학습'이라는 기본 전제가 지켜지지 않으면 효과적이지 않다는 것을 인식시켜 주십시오.

기억의 효율을 높이는 5단계

| 목표 | 기억력을 향상시킬 수 있는 기본적인 절차에 대해 알아봅니다. 공부할 때 반복학습에 더해서 각 단계에 해당되는 작업을
충실히 하게 되면 공부한 내용을 더욱 견고하게 장기기억으로 저장할 수 있습니다.

앞서 기억을 잘하기 위해서는 여러 번 반복해야 한다는 것을 설명했습니다. 그러나 무작정 반복만 하는 것은 효율적이지 못한 공부방법입니다. 아래와 같이 5단계를 거쳐 공부하게 되면 많은 내용을 정확히 기억할 수 있습니다.

● **각 단계에 해당하는 단어를, 스티커에서 찾아 붙여봅시다.**

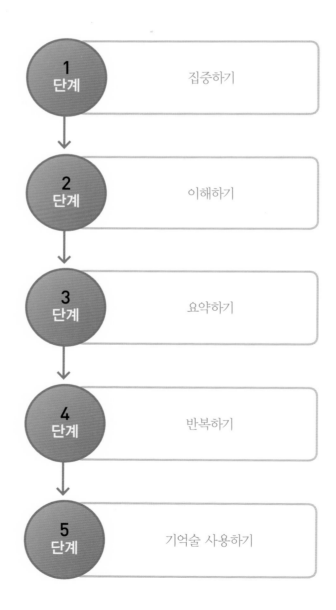

👆 1단계 : 집 중 하기

"들어오지 않으면 나갈 것도 없어요!"

기억력을 향상시키는 가장 첫 번째 단계는 '집중하기'입니다. 집중은 모든 학습에서 기본이 되는 요소입니다.

● **선생님이 부르는 문제를 잘 듣고, 그 답을 아래 빈칸에 적어봅시다.**

> **다음과 같이 문제를 내십시오.**
> 버스에 10명의 승객이 타고 있다. 다음 정류장에서 2명이 내리고 다시 3명이 탔다. 또 다음 정류장에서는 3명이 내리고 2명이 탔다. 다음에 5명이 내리고 8명이 탔다. 또 다시 6명이 내리고 9명 탔다. 그 다음에 4명 내리고 10명 탔다. 그리고 종점에서는 전원이 내렸다. 자, 버스는 종점까지 합해서 몇 개 정류장에 멈춰 섰을까? **＊ 정답은 6개의 정류장입니다.**

| 유 의 점 | 문제를 듣는 대다수의 학생들은 사람 수에 주의를 기울이느라 정류장 수는 놓치기 쉽습니다.
　　　　　　　이처럼, 우리가 어디에 주의를 기울이느냐에 따라 입력되는 정보가 다를 수 있음을 인식시키십시오.

> 질문에 제대로 답을 할 수 있었나요? 그렇지 않았다면, 그 이유는 무엇인가요?

● **기억에서 집중이 중요한 이유?**

> 집중은 정보의 통로를 열어주는 것으로, 집중하지 않은 것은 기억되지 않는다.

● **효과적인 집중전략 Tip 5가지**

	전혀 사용하지 않는다 ──── 자주 사용한다
1. 뚜렷한 목표 수립	1 - 2 - 3 - 4 - 5
2. 우선순위와 골든타임을 고려한 시간계획 세우기	1 - 2 - 3 - 4 - 5
3. 자신의 집중길이를 고려한 시간계획 세우기	1 - 2 - 3 - 4 - 5
4. 수면과 컨디션 조절	1 - 2 - 3 - 4 - 5
5. 공부환경 정리하기	1 - 2 - 3 - 4 - 5
★ 나만의 전략 :	1 - 2 - 3 - 4 - 5

> 앞으로 내가 더 신경 써서 사용해야 할 집중전략은 어떤 것인가요?

| 유 의 점 | 학생들이 집중전략을 어느 정도 사용하고 있는지 체크하도록 지도해주십시오. 그리고 잘 사용하고 있지 않은 방법들이 있다면,
　　　　　　　왜 그 방법은 잘 사용하지 않게 되는지 탐색해보는 것이 좋습니다.

✌ 2단계 : 이 해 하기   "처음에 잘못 배우면 엉뚱한 내용만 기억나요!"

많은 친구들이 암기과목을 공부할 때 교과서를 여러 번 읽는다거나 책에 줄을 치면서 외웁니다. 하지만 그 내용에 대해 충분히 이해하지 못한 채 무작정 외우는 것은 가장 비효율적인 공부방법입니다.

● **다음의 문장들을 평소 공부하듯 외워봅시다(제한시간 1분).**

> 먼저 물건들을 여러 종류로 구분한다. 기계가 없을 때는 다른 곳으로 가야 하지만 기계가 있다면 준비는 거의 다 된 것이다. 한 번에 너무 많이 하는 것보다는 한 번에 좀 적다고 생각될 정도로 하는 것이 더 낫다. 처음 이 일을 시작할 때는 이런 절차가 복잡해 보일 수도 있지만 곧 생활의 일부가 될 것이다. 이 절차가 끝나면 물건들을 여러 종류로 나누어서 정돈한다. 그 다음에는 물건들을 적절한 장소에 집어넣는다. 이 물건들은 결국 다시 한 번 사용되고, 사용된 다음에는 이 절차가 다시 반복된다.

> 위 지문을 가리고 생각나는 대로 외워봅시다. 얼마나 기억할 수 있나요?

> 위 글의 주제는 세 탁 입니다. 다시 한 번 외워봅시다. 더 많이 떠오르나요?

● **기억에서 이해가 중요한 이유?**

> 정확한 이해는 기억을 더 쉽고, 단단하게 만들어준다.

● **이해가 되었다는 것은 어떻게 알 수 있을까?**

> 내용을 다 보고 난 후 '아하' 하는 느 낌 이 온다.

> 책을 덮고 대략의 내용을 자 기 말 로 설명할 수 있다.

> 핵 심 단 어 를 뽑아낼 수 있다.

> 예 를 들어 설명할 수 있다.

| **유의점** | 기억에서 이해가 중요한 이유를 다음의 예를 들어 설명하면 좋습니다. → 여러분은 한국 노래의 가사는 잘 암기하지요? 하지만 영어 가사는 암기하는 데 훨씬 더 많은 시간과 노력을 들여야 하는 경우가 많습니다. 프랑스어나 독일어처럼 전혀 모르는 언어로 된 가사를 암기하기는 더욱 어려울 것입니다. 모르는 언어는 전혀 그 의미를 이해할 수 없기 때문이죠. 의미가 있는 것이 의미가 없는 것보다 기억하기 쉽습니다. '기억'과 '이해'는 뗄 수 없는 관계로 확실하게 기억하려면 확실하게 이해하는 일이 중요합니다.

3단계 : 요 약 하기

"마구잡이로 섞어 놓으면 찾아낼 수 없어요!"

전체 내용 중 가장 핵심적인 부분만 정리하는 것을 요약이라고 합니다. 요약이 왜 중요하고 어떻게 하는 것인지 살펴봅시다.

● **다음 중 원하는 것을 찾기 쉬운 방은 어디일까요? 그 이유도 생각해봅시다.**

● **요약이 중요한 이유**

> 핵심내용만 추려 놓으면 이해가 쉽고 기억의 부담도 줄일 수 있다.

● **요약하는 방법**

> 교과서 목 차 활용하기

> 교과서 단 원 소 개 , 학 습 목 표 활용하기

> 노 트 활용하기

> 나만의 요약방법 :

| 유 의 점 | 기억에서 요약이 중요한 이유를 다음의 예를 들어 설명하시면 좋습니다. → 인간의 뇌는 책상 서랍과 마찬가지로 수많은 정보들을 분류, 정리해서 기억하도록 되어 있습니다. 교재에 제시된 그림처럼 책상 서랍에 넣을 때도 가지런히 정리하며 넣지 않고 뒤죽박죽 뒤섞인 채로 넣게 되면 막상 필요할 때는 찾을 수 없을 때가 많지요? 기억도 이와 같습니다. 정말 많은 분량을 집어넣었다고 해도 기억한 내용을 분류하거나 요약하지 않으면 그 내용들이 뒤섞여서 기억하고자 할 때도 잘 떠오르지 않게 됩니다.

| 목 표 | 수업 직후에는 모든 내용이 머릿속에 저장된 듯하지만, 우리의 두뇌에서는 빠른 속도로 망각과정이 일어나므로 반복 학습해야 합니다. 공부한 내용을 10분 후 복습하면 하루 동안 기억이 유지되고, 하루 후에 다시 복습하면 일주일 동안, 일주일 후 복습하면 한 달 동안, 한 달 후에 복습하면 6개월 이상 기억이 유지됨을 강조해주십시오. |

🖐 4단계 : 반 복 하기   "망각을 이기는 반복의 힘!"

앞에서 설명하였듯이 내용을 100% 암기했다 하더라도 하루가 지나면 그 기억 중 50% 정도는 잊어버리게 됩니다. 이런 '망각'현상을 막을 수 있는 최선의 방법은 반복입니다.

● 반복의 효과

한 번만 공부하고 끝내는 것은 전혀 공부하지 않은 것과 큰 차이가 없습니다. 에빙하우스의 실험에서 발견한 또 한 가지 중요한 사실은 반복의 중요성이었는데요. 주기적으로 반복해줄 때마다 기억이 유지되는 양이 많아지는 것을 알 수 있습니다.

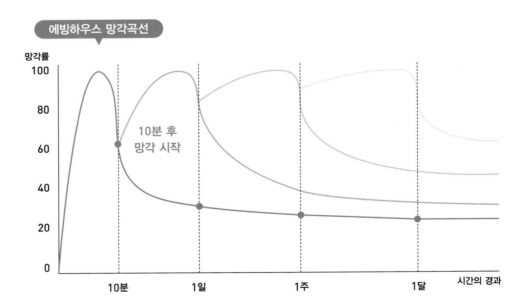

● 적당한 반복의 시기

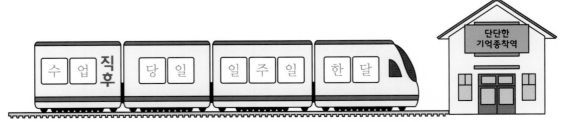

┃**목 표**┃ 기억술이란 정보를 기억하기 위한 한 가지 방법으로, 음이나 숫자의 배열처럼 그 자체가 무의미한 소재, 또는 상호 관련이 적은 낱말·문장 등을 정확하게 기억하는 방법을 말합니다. 구체적인 방법에 대해서는 다음 회기에서 자세히 다루기 때문에 이 장에서는 가볍게 언급만 하고 넘어가도록 합니다.

5단계 : 기 억 술 사용하기

"잘 외워지지 않는 내용은 이렇게 해보자!"

과학시간 원소기호나 조선시대 왕의 이름을 순서대로 외울 때 잘 외워지지 않아 어려움을 겪었던 경험이 있나요? 때로는 외워야 할 것들을 노래나 재미있는 문장으로 바꾸어서 기억하는 방법을 사용해보기도 했을 것입니다. 기억술은 이처럼 외국어로 된 낯선 단어들이나, 문법규칙, 철자법 등과 같이 난해한 자료를 학습하고 회상하는 데 도움을 주는 장치라고 할 수 있습니다.

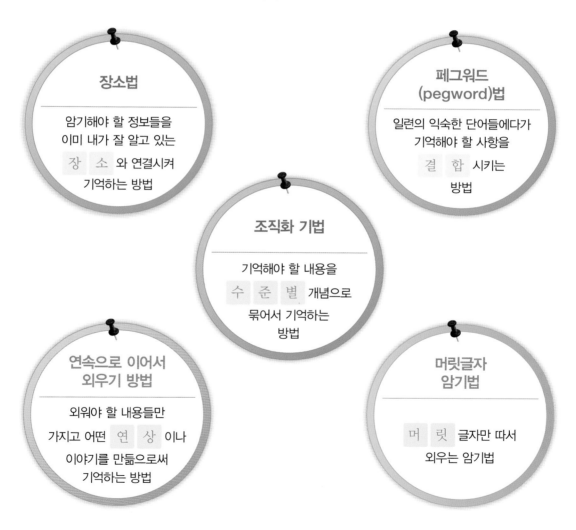

장소법

암기해야 할 정보들을 이미 내가 잘 알고 있는 장 소 와 연결시켜 기억하는 방법

페그워드 (pegword)법

일련의 익숙한 단어들에다가 기억해야 할 사항을 결 합 시키는 방법

조직화 기법

기억해야 할 내용을 수 준 별 개념으로 묶어서 기억하는 방법

연속으로 이어서 외우기 방법

외워야 할 내용들만 가지고 어떤 연 상 이나 이야기를 만듦으로써 기억하는 방법

머릿글자 암기법

머 릿 글자만 따서 외우는 암기법

★ 더 자세한 내용은 다음 "기억술의 이해와 적용" 시간에 알아보도록 합시다!

실전연습

| 목표 | 이 장은 지금까지 배운 내용들을 직접 적용하여 간단한 지문을 공부해보는 시간입니다.
각 단계마다 해야 할 작업들을 충분히 적용해볼 수 있도록 차근차근 진행해주십시오.

T1
20m

● **앞에서 배운 '기억의 5단계'를 적용하면서 주어진 지문을 공부해봅시다.**

> 조선 시대에는 신분제도가 매우 엄격하여서 양반, 중인, 상민, 천민으로 구분되어 있었다. 양반
> 들은 백성들을 지배하는 상류 계급으로 유학을 공부하고 과거 시험을 통하여 관리가 된 후에 나
> 라를 다스리는 데 참여하였다. 중인은 양반보다 낮은 신분으로 의학, 기술 등에 뛰어난 재주가 있
> 는 사람들로 대개 양반을 도와 관청 등에서 일을 하였다. 상민은 백성들의 대부분을 이루는 사
> 람들로 주로 농사를 지었으며 수공업, 상업 등을 하기도 하였다. 세금을 내야 했고, 군대에 가야
> 했으며 교육을 받을 기회가 거의 없어서 벼슬을 할 수 있는 기회는 막혀 있었다. 천민은 양반집
> 이나 관청 등에서 종이나 노비로 일을 하였고, 갖바치, 백정 등 험한 일을 주로 하여 향, 소, 부곡
> 등에서 따로 모여 사는 경우가 많았다.

 1단계 : 집중하기

위의 지문을 읽는 동안 얼마나 집중력을 발휘하였나요?   > _____ %

2단계 : 이해하기

내가 이해했다는 걸 어떻게 알 수 있을까요? 다음을 모두 체크할 수 있어야 이해했
다고 볼 수 있습니다.

> 모르는 단어나 문장은 없었나요?   [예 , 아니요]

> 친구에게 설명해줄 수 있나요?   [예 , 아니요]

> 머릿속으로 '아하!' 하는 느낌이 들었나요?   [예 , 아니요]

3단계 : 요약하기

● **요약하는 방법**

☑ 핵심단어에 동그라미를 쳐보세요.

☑ 중요한 문장에 줄을 긋고 번호를 붙여보세요.

☑ 위의 내용을 노트에 옮겨 적어보세요.

4단계 : 반복하기

노트필기 기술 시간에 배운 '노트를 이용한 복습법'을 적용하여 반복학습을 해봅시다.

5단계 : 기억술 사용하기

이상의 내용을 자신이 알고 있는 기억술을 총동원하여 암기해봅시다.

*기억술은 다음 회에 자세히 다루겠습니다.

기억력 향상 전략

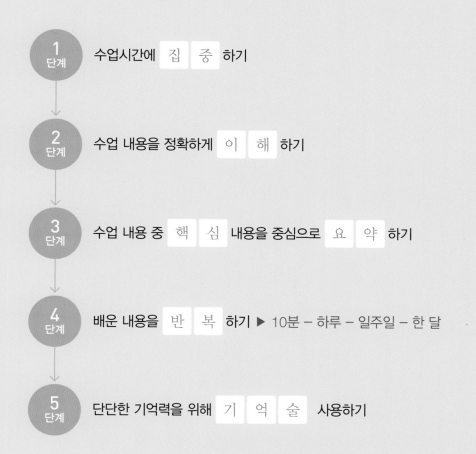

1 단계 수업시간에 집 중 하기

2 단계 수업 내용을 정확하게 이 해 하기

3 단계 수업 내용 중 핵 심 내용을 중심으로 요 약 하기

4 단계 배운 내용을 반 복 하기 ▶ 10분 – 하루 – 일주일 – 한 달

5 단계 단단한 기억력을 위해 기 억 술 사용하기

기억의 단계를 적용하여 암기과목 공부하기

– 오늘 배운 기억의 단계를 적용하여 암기과목을 공부해봅시다.

▶ 내가 공부한 과목은?

▶ 어떤 방법으로 공부해보았나요?

▶ '기억의 5단계'를 적용하여 공부해본 소감은?

암기의 달인이 되는 방법

기억술의
이해와 적용

◎ **목 표**　앞에서도 살펴보았듯, 기억을 잘할 수 있는 가장 좋은 방법은 급격히 망각이 일어나지 않도록 정기적으로 반복학습하는 것입니다. 하지만 공부를 하다 보면 여러 번 반복해서 공부해도 여전히 잘 기억되지 않는 내용들이 있기 마련입니다. 또 단순히 반복하는 것보다 다른 방식을 사용하면 더 잘 기억되는 내용들도 있습니다. 기억술이란 바로 이런 내용들을 기억해야 할 때 사용할 수 있는 효과적인 기술들입니다. 이번 시간에는 다양한 기억술에 대해 살펴보고, 예제를 통해 직접 연습을 해보도록 하겠습니다.

근석이는 평소 사회, 국사 과목을 무척이나 싫어하는 학생입니다. 그래서인지 시험이 얼마 남지 않았음에도 불구하고 사회, 국사 과목은 아예 공부를 시작하지도 않았습니다. 그러다가 시험이 이틀 앞으로 다가오자 갑자기 불안해진 근석이는, 최소한의 점수라도 맞기 위해서 '무조건 달달 외우면서 공부'하기 시작했습니다. 막상 달달 외우다 보니 시험 범위 내용을 대략 다 외우게 되었고, 시험에 대해서도 어느 정도 자신감이 생기게 되었습니다.

하지만 막상 시험지를 받아들자 달달 외웠던 내용들은 아무짝에도 쓸모없게 되었습니다. 시험 문제가 단순한 사실을 묻는 것이 아니라, 사건의 전개를 이해해야 답을 알 수 있는 문제였기 때문이었습니다. 근석이는 이틀간의 노력이 허탈하기도 하고, 이 방법은 아닌 것 같기도 하고... 갑자기 심각한 고민에 빠지게 되었습니다.

근석이의 벼락치기 전략인 달달 외우기 방법, 정말 효과가 없는 것일까요?

－　네, 그렇습니다. 시험을 앞두고 흔히 쓰는 방법인, '무조건 외우기', '달달 암기하기'는 기억의 특성에 비춰보면 전혀 효율적이지 못한 방법입니다. 오히려 내용을 이해하고 나서 암기하는 경우보다 시간이 훨씬 더 많이 걸리는 단점도 가지고 있습니다. 그 이유는, 아무런 의미가 없는 숫자인 92581204보다는 내 생년월일이라는 의미를 갖는 19900521이라는 숫자가 더 잘 외워지기 때문입니다. 즉, 의미 없는 것을 기억하는 것 혹은 이해하지 못한 내용을 기억하는 것은 무척이나 어려운 일입니다.

기억의 특성을 잘 알고 이를 실제 암기에 적용하는 것이 중요합니다. 여기에 기억의 기술(기억술)까지 겸비한다면 그 효과는 더욱 커질 것입니다. 이번 시간에는 효과적인 기억술에 대해 배우고 연습하도록 하겠습니다.

★ 이번 시간에 배울 내용

- 기억술이란?
- 기억술에는 어떤 것들이 있나?
- 기억술을 어떻게 적용할 수 있을까?

기억술 체크리스트

| 목 표 | 체크리스트를 통해, 학생들이 기억술에 대해 얼마나 많이 알고 있는지 확인할 수 있습니다.

● 아래에는 기억을 향상시킬 수 있는 방법들(기억술)이 간단히 소개되어 있습니다.
자신이 평소에 자주 사용하는 방법이 있으면 ∨표 하세요.

문 항	∨표
1. 기억을 잘하기 위해, 암기하기 전에 먼저 내용을 이해하려고 노력한다.	
2. 기억을 잘하기 위해, 같은 내용을 여러 번 읽고 되풀이한다.	
3. 기억을 잘하기 위해, 비슷한 범주의 내용들을 묶어본다.	
4. 기억을 잘하기 위해, 그 내용을 머릿속에 그려보거나 실제 이미지로 만들어본다.	
5. 기억을 잘하기 위해, 친숙한 리듬을 이용하여 마치 노래처럼 만들어본다.	
6. 기억을 잘하기 위해, 기억해야 할 내용의 첫 글자들만 합쳐 의미 있는 말이나 문장을 만들어본다.	
7. 기억을 잘하기 위해, 기억해야 할 내용을 내가 이미 알고 있는 내용과 연결시켜 본다.	
8. 기억을 잘하기 위해, 내용들을 나만의 그래프나 표로 정리해 본다.	

총 개수 : _____

● ∨표시한 문항의 개수를 세어보세요. 만약 3개 이하의 개수가 나왔다면, 이번 시간을 통해 자신이 부족했던 영역을 보완해보세요.

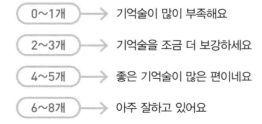

(0~1개) ⟶ 기억술이 많이 부족해요

(2~3개) ⟶ 기억술을 조금 더 보강하세요

(4~5개) ⟶ 좋은 기억술이 많은 편이네요

(6~8개) ⟶ 아주 잘하고 있어요

나는 평소 어떤 기억의 기술을 사용하고 있나요?

A2
5m

| **목표** | 평소 사용하는 기억술이 얼마나 효과적인지 스스로 점검해볼 수 있습니다. 별로 효과가 없는 방법을 고수하고 있는 것은 아닌지 확인해주시기 바랍니다.

여러분은 평상시 특정 내용(예: 영어 단어, 한문, 수학공식, 시 · 소설 등 문학작품, 역사적 사실 등)을 기억하기 위해 어떤 기억의 기술들을 사용하고 있나요?

● **아래의 빈칸에 자신이 자주 사용하는 학습내용별 기억의 기술을 적어보고, 그 방법이 얼마나 효과적이었는지 점수로 매겨봅시다.**

- 1점 공부해도 거의 기억나지 않음
- 2점 시험 때 잊어버리는 게 많음
- 3점 공부한 만큼 잘 기억됨

기억의 기술이란?

● **기억술(mnemonics)이란?**

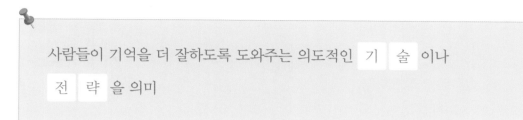

사람들이 기억을 더 잘하도록 도와주는 의도적인 [기] [술] 이나

[전] [략] 을 의미

> 기억술이란 기억의 기술(skill) 혹은 전략(strategy)으로, 학습해야 할 내용이나
  자료를 보다 효과적으로 기억하고 회상하는 데 도움을 주는
  일종의 [장] [치] 입니다.

> 외워야 할 내용에 뭔가
  [특] [징] [적] [인] 요소가 있으면
  그 내용을 기억하기가
  훨씬 쉬워집니다.

> 일반적으로, 기억술을 사용하게 되면 그냥 단순하게 암기하는 것보다는 시간이
  더 많이 걸릴 수 있지만, 장기적인 안목으로 봤을 때 기억해야 할 내용을 보다
  효율적으로 암기할 수 있고, 암기한 내용이 더 [오] [래] 기억됩니다.

기억술의 실제

C2
10m

☝ 심상법 I : 장소법

암기해야 할 정보들을 이미 내가 알고 있는

장 소 와 연결시켜 기억하는 방법

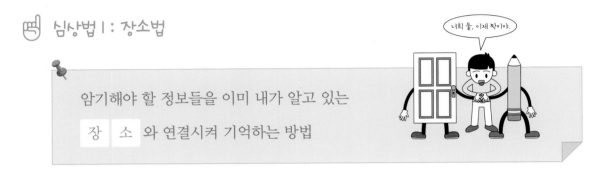

> 여러 개의 단어들을 외워야 할 때, 각각의 단어들을 친근한 장소와 짝짓는 방법입니다.

> 장소와 단어들을 연결시켜 놓으면, 나중에 그 단어들을 기억해낼 때, 마음속에서 그 장소를 걸으면서 그 장소에 연결되어 있는 단어들을 찾아내면 됩니다.

 연습문제) **다음의 단어들을 장소법을 사용하여 기억해보세요.**

김밥, 휴대폰, 건포도, 구두, 송아지, 액자, 명함, 반지, 핸드로션

| 유의점 | 연습문제는 개별작업이나 조별작업으로 진행 가능하며, 각자 어떤 식으로 장소법을 사용하였는지 발표하도록 하십시오. 자신의 것뿐만 아니라 다른 친구들의 발표내용을 들으면서 장소법이 다양하게 적용될 수 있음을 알도록 지도해주시기 바랍니다.

C3
10m

☞ 심상법II: 페그워드(pegword)법

일련의 익숙한 단어들에다가 기억해야 할

사항을 결 합 시키는 방법

> 'peg'라는 단어의 뜻은 '말뚝'을 의미하며, 이에 페그워드법 혹은 말뚝법이라 합니다.

> 말뚝 역할을 하는 일련의 익숙한 단어들에다가 기억해야 할 사항을 결합시키는
  방법으로, 말뚝 역할을 하는 단어들만 기억해 내면 거기에 결합되어 있는 내용들
  이 자연스럽게 기억되는 효과가 있습니다.

> 1에서 10까지의 숫자와 운율이 맞는 말뚝 단어를 먼저 익혀둡니다. 그런 다음,
  기억해야 할 단어들을 말뚝 단어와 연결시켜 독특한 이미지를 만들어냅니다.

ex

말뚝 단어	기억해야 할 단어	연결하기
1이면 일기장	나비	일기장에 나비를 그리고
2면 이발소	웃음	이발소에서 사람들이 웃음짓고
3이면 삼거리	친구	삼거리에서 친구를 기다리고
4면 사다리	무지개	사다리에 무지개가 걸쳐 있고
5면 오징어	바다	오징어는 바다에 살고
6이면 육개장	선생님	육개장을 선생님이 드시고
7이면 칠면조	여름	칠면조가 여름이라 땀을 흘리고
8이면 팔씨름	승리	팔씨름해서 승리하고
9면 구더기	청소	구더기 나올까 봐 청소하고
10이면 십자수	옷	십자수로 옷을 장식했다.

✏️ 연습문제) **기억해야 할 단어들을 아래 말뚝 단어들에 연결시켜 봅시다.**

------- 기억해야 할 단어 -------

안경, 버스, 스카프, 장갑, 의자, 현미경, 개구리, 스웨터, 괘종시계, 밀가루

❶ 일기장 을 보려   안경   을 쓰고

❷ 이발소 에 가려고   버스   를 타고

❸ 삼거리 에서   스카프   가 휘날리고

❹ 사다리 에 오르기 위해 장갑   을 끼고

❺ 오징어 가   의자   에 걸쳐져 있고

❻ 육개장 을   현미경   으로 관찰하고

❼ 칠면조 가   개구리   를 잡아먹고

❽ 팔씨름 시합하다   스웨터   에 구멍 나고

❾ 구더기 가   괘종시계 에서 기어 나오고

❿ 십자수 에   밀가루   가 허옇게 묻어 있고

조직화 기법

기억해야 할 내용을 수 준 별
개념으로 묶어서 기억하는 방법

> 어떤 특징이나 규칙도 없이 한곳에 뒤엉켜 있는 내용들을 기억하는 것보다는,
> 일정한 기 준 에 따라 구분되어 있는 몇 개의 덩어리를 기억하는 것이
> 훨씬 더 쉽습니다.

ex **12개의 숫자를 외운다고 합시다. 둘 중 어떤 형식이 더 오랫동안 기억할 수 있을까요?**
그 이유를 정리해봅시다.

4 1 9 6 2 5 7 1 7 8 1 5	419 / 625 / 717 / 815

그 이유는...

기억해야 할 내용을 하위 개념으로 묶어주면, 즉 조직화(구조화)를 해주면,
그 내용을 훨씬 더 잘 기억할 수 있다.

> 어떤 내용을 조직화하게 되면, 이를 그 래 프 나 도 표 등으로
표현할 수 있습니다. 사회나 과학, 국사 교과서의 단원 마무리에 보면, 본문의
내용을 간단한 표나 그래프로 조직화하여 제시한 경우가 많이 있습니다.

ex **다음에 나오는 광물들을 외워봅시다!**

> 백금, 알루미늄, 청동, 사파이어, 석회석, 화강암, 에메랄드, 강철,
> 구리, 은, 금, 납, 놋쇠, 다이아몬드, 대리석, 석판, 루비, 철_

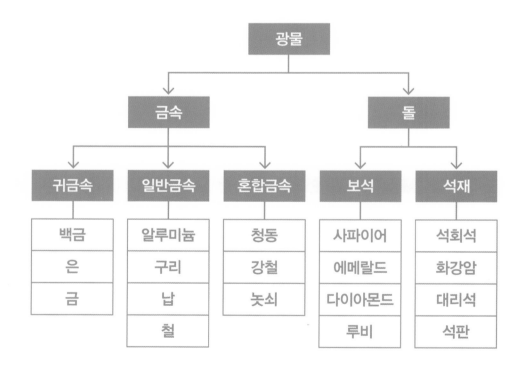

연습문제) **다음의 내용을 조직화 기법을 사용하여 정리해보세요.**

소화는 음식물을 잘게 쪼개어 우리 몸에 흡수될 수 있도록 분해하는 과정을 말한다. 소화기관에는 입, 식도, 위, 십이지장, 작은창자, 큰창자가 있다. 소화를 돕는 기관으로는 침샘, 간, 쓸개, 이자 등이 있다. 소화 과정은 먼저 음식물이 입으로 들어온 후, 식도를 통해 위로 내려가게 된다. 그다음은 십이지장을 거쳐 작은창자와 큰창자를 통해 영양분이 소화되고 흡수된다.

▶ **가능한 답변 예시**

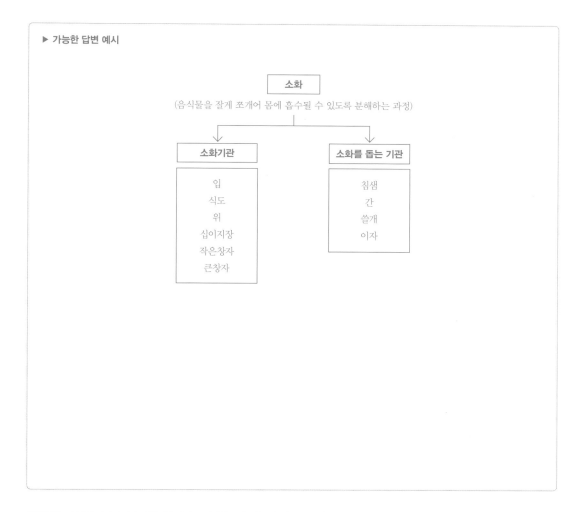

● 활동tip   할애된 시간에 따라, 개별작업 혹은 조별작업이 가능합니다. 먼저, 지문을 읽고 이해하는 시간을 갖도록 지도해주십시오.

머릿글자 암기법

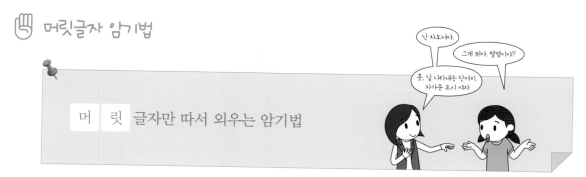

머 릿 글자만 따서 외우는 암기법

> 외워야 할 정보들의 대표적인 음(대부분은 첫음절)들만 결합하여 쉽게 기억할 수 있도록 하는 방법입니다.

ex **우리나라의 3대 악성 : 왕**산악, **우**륵, **박**연입니다.

머릿글자만 따면 **"왕,우,박"** →
왕산악, 우륵, 박연을 외우는 것보다는 왕우박을 외우는 것이 훨씬 더 효과적임!

ex **조선시대 왕 이름 순서대로 외우기 :** 조선시대의 왕은,
태조 – 정종 – 태종 – 세종 – 문종 – 단종 – 세조 – 예종 – 〈중략〉 – 철종 – 고종 – 순종
순입니다. 우리는 이 이름들을 머릿글자만 따서 이렇게 외웁니다.

태정태세문단세   예성연중인명선   광인효현숙경영   정순헌철고순

연습문제) **미국의 5대 호수의 이름을 머릿글자 암기법을 사용하여 기억해보세요.**

---------------------------- 미국의 5대 호수 ----------------------------

Erie호   Ontario호   Superior호   Michigan호   Huron호

방법 1 :   ▶ **가능한 답변 예시** - H O M E S

방법 2 :   ▶ **가능한 답변 예시** - M S. E H O

✋ 연속으로 이어서 외우기 방법

외워야 할 내용들만 가지고 어떤 연상이나

| 이 | 야 | 기 | 를 만듦으로써 기억하는 방법

> '액자, 인형, 장작, 사공, 모래, 연탄, 담요, 구두' 라는 단어들을 기억해야 할 때, 이를 순서대로 이야기를 만들어서 엮어가는 것입니다.

"**액자** 속에 있는 **인형**이 **장작**을 패고 있었는데, 옆에서 바라보던 **사공**이 갑자기 **모래** 속에서 **연탄**을 꺼내더니 **담요** 위에 올려 놓고는 **구두**로 밟았다"

> 연속으로 이어서 외우기 방법의 가장 대표적인 예는 과학 시간에 배우는 광물의 굳기에 대한 내용입니다.

광물의 굳기 : 광물의 무르고 단단한 정도로서, 서로 긁었을 때 긁히지 않는 광물이 긁히는 광물보다 더 단단한 것임. 이를 독일의 광물학자인 프리드리히 모스가 '모스굳기계'로 표현함. 숫자가 클수록 단단한 광물임.

1	2	3	4	5	6	7	8	9	10
활석	석고	방해석	형석	인회석	정장석	석영	황석	강옥	금강석

"**활석** 많은 **방형**이 **인정**없는 **석황**을 **강금**했다"

연습문제) **다음의 단어들을 연속으로 이어서 외우기 방법을 사용하여 기억해보세요.**

잠수함, 독수리, 양파, 포도, 안경, 우유, 밧줄, 오징어

방법 1 : 잠수함 독수리 호에서 양파즙, 포도즙을 먹다가 안경을 우유에 떨어뜨린 함장이 옆에 있던 밧줄로
시나가던 오징어를 낚아챘다.

방법 2 : 잠수함이 되고 싶은 독수리가 양파가 된 포도에게 그 비법을 물었더니, 안경을 벗으며 이렇게 대답했다.
"우유를 먹어. 밧줄도 그렇게 해서 오징어가 되었지..."

▶활동tip 논리적으로 문장을 구성할 필요는 없습니다.
비상식적이고 기괴할수록 기억효과는 높아지므로 마음껏 상상해서 문장을 만들도록 격려해주십시오.

기억술의 적용

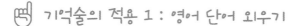

기억술의 적용 1 : 영어 단어 외우기   "플래시 카드 기법"

● **아래 그림을 살펴봅시다. 주인공은 왜, 공부한 단어를 시험 때 기억하지 못했을까요?**

> 시험에서는 단서만 제공을 하기 때문에, 우리는 그 단서를 보고 답을 기억해내야 합니다. 하지만 다음과 같은 단어장 형식("struggle – 고군분투하다")은 단서와 정답이 함께 제시되기 때문에, 공부하는 동안에는 마치 다 알고 있는 것 같은 느낌을 주지만 실제로는 별로 효과적이지 않습니다.

> 그렇다면 어떻게 해야 할까요? 플 래 시 카드 기법

외우려고 할 때에도 시험 때와 마찬가지로 한 가지 단서만 제시하고, 그 단서를 가지고 정답을 추론하거나 회상하는 방식으로 공부해야 합니다.

앞면	뒷면
struggle [strʌgl]	1. 투쟁하다, 몸부림치다, 허우적거리다 2. 힘겹게 나아가다 3. (나쁜 상황 · 결과를 막기 위해) 싸우다

step 1.   앞면과 뒷면을 번갈아가면서 단어를 암기한다.

step 2.   영어 단어만 보고 뜻 을 떠올려본다.

　　　　　 or 뜻만 보고 앞면의 스 펠 링 을 떠올려본다.

> 플래시 카드 기법은 다른 과목 내용을 암기할 때에도 유용한 방법입니다.

수학 공식 플래시 카드

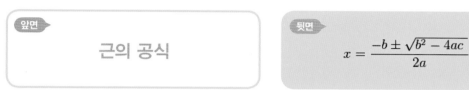

앞면
근의 공식

뒷면
$$x = \frac{-b \pm \sqrt{b^2 - 4ac}}{2a}$$

사회 중요 내용 플래시 카드

앞면
조선시대 양반의 특징

뒷면
"상류 계급, 유학을 공부,
과거시험을 통해 관직 진출, 지배층"

연습문제) **최근에 배운 내용들 중 중요한 것 2가지를 골라,
플래시 카드로 만들어보세요.**

앞면

뒷면

앞면

뒷면

| 유 의 점 | 학생들이 직접 플래시 카드를 만들어 사용해볼 수 있도록, 강의 전에 미리 작은 종이나 카드를 준비해주시기 바랍니다.

☝ 기억술의 적용 2 : 이미지 기억술   "마인드맵 (mind map)"

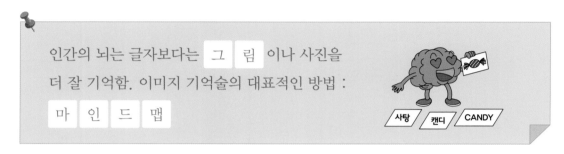

인간의 뇌는 글자보다는 그 림 이나 사진을
더 잘 기억함. 이미지 기억술의 대표적인 방법 :
마 인 드 맵

> 마인드맵이란 문자 그대로 '생각의 지 도 '란 뜻으로, 자신의 생각을 지도 그리듯 이미지화해 사고력, 창의력, 기억력을 한 단계 높이는 두뇌개발 기법입니다.

> 외워야 할 내용들을 그 림 으로 만들어내면 기억하기가 훨씬 쉬워집니다.

> 어떤 문제에 대하여 창조적으로 생각하고 있을 때, 시간이 흐르거나 연속적인 사고의 연상이 진행되면서, 생각한 내용의 일부는 잃어버리게 되고 재생하기가 어렵게 됩니다. 마인드맵은 유기적으로 연결되는 일련의 생각을 훌륭하게 상기시켜 줍니다.

> 마인드맵에는 특정한 형식이 없습니다(단순한 형태에서부터 상당히 복잡한 형태까지 가능).

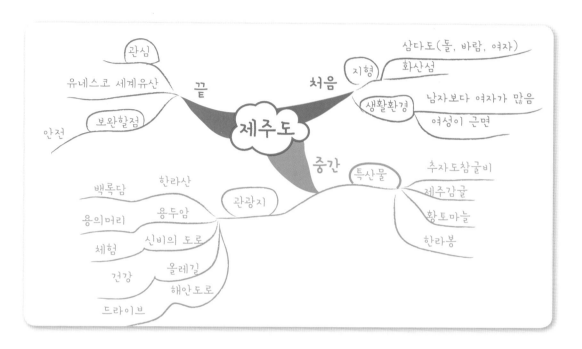

✏️ 연습문제) **K-POP에 대한 마인드맵을 그려봅시다.**

연습문제) **아래 글에 대한 마인드맵을 그려봅시다.**

예문

선사문화의 발전

초기의 인류는 나무나 짐승의 뼈, 돌 등을 이용하여 도구를 만들었다. 특히, 돌은 여러 가지 도구로 만들어져 널리 사용되었는데, 인류가 돌을 깨뜨려 만든 뗀석기를 사용한 때를 구석기 시대라고 한다.

이 시기의 인류는 나무의 열매나 뿌리, 곡식 등을 채집해 먹었으며, 짐승이나 물고기를 잡아먹기도 하였다. 이들은 무리를 지어 생활하였고, 식량을 마련하기 위하여 이동 생활을 하였다. 따라서 이들의 흔적은 주로 동굴에서 발견되고 있다.

인류의 지혜가 발달하면서 도구를 만드는 방법도 점차 개선되었다. 그리하여 약 1만 년 전부터 돌을 갈아서 만든 간석기가 널리 사용되었는데, 이때를 신석기 시대라고 한다.

간석기를 사용하면서부터 인류는 농사를 짓고 짐승을 기르기 시작하였다. 이처럼 자연을 이용하여 개발할 수 있게 되자, 더 이상 떠돌아다닐 필요가 없어졌다. 사람들은 움집을 짓고 마을을 이루어 정착 생활을 하였고, 토기를 만들어 식량을 저장하였다.

✋ 기억술의 적용 3 : 이미지 기억술

외워야 할 내용을 잘 정리하여

그 림 으로 표현하는 방법

● **아래와 같이 기억해야 할 내용들이 있다면, 여러분은 어떤 그림으로 만들어보겠습니까?**

물질의 3가지 상태

물질은 고체, 액체, 기체의 3가지 상태로 존재한다. 고체 상태는 입자들 사이의 거리가 가장 가깝고, 입자들이 제자리에서 크게 벗어나지 않는다. 또한 일정한 모양과 부피를 갖고, 그 모양이나 부피가 거의 변하지 않는다. 액체 상태는 입자들 사이의 인력은 비교적 강한 편이지만, 그 사이가 약간 떨어져 있어 고체보다는 자유롭게 움직인다.

고체에 열을 가하면 액체로 변하게 된다. 액체 상태는 담는 그릇에 따라 모양이 변하고 흐르는 성질이 있다. 마지막으로 기체 상태는 입자들 간의 거리가 매우 떨어져 있어서 입자 간의 인력이 거의 없으며 자유롭게 운동한다. 고체나 액체에 열을 가하면 기체로 변한다. 기체 상태는 온도와 압력에 따라 부피가 크게 변하며, 일정한 모양과 부피가 없다.

> 앞의 글은 과학에 대한 내용으로, 흔히 교과서나 참고서 등에서
글과 함께 그림으로 바뀐 내용이 제시되어 있습니다.

→ 냉각, 열의 방출
→ 가열, 열의 흡수

기체

승화 · 승화 · 기화 · 액화

고체 · 융해 / 응고 · 액체

약 8줄에 해당하는 긴 내용을 그림으로 정리하니 훨씬 간결하고 보기 좋으며, 기억하기에도 쉬운 내용으로 바뀌었습니다. 이것이 바로 이미지 기억술의 힘입니다.

ex. 수증기, 이산화탄소
ex. 얼음, 철, 황
ex. 에탄올, 물

옆의 그림 역시 물질의 3가지 상태를 이미지화한 것입니다. 모든 내용을 포함하지는 못했지만, 독특하고 기발한 그림으로 인해 단번에 기억될 것만 같습니다.

물론 이런 그림을 그리려면 더 많은 노력이 요구됩니다. 하지만 이처럼 한 번 노력을 들여 자기 것으로 만들어 놓은 내용은, 쉽게 기억될 뿐만 아니라 더 오랫동안 기억된다는 강력한 장점을 가지고 있습니다.

연습문제) '대기권의 구조'에 대한 아래 글을 그림으로 만들어봅시다.

예문 | ## 대기권의 구조

대기권이란, 지구의 중력에 의해 지표로부터 약 1000km 높이까지 지구를 둘러싸고 있는 공기층이다. 지표면으로부터 약 10km 높이까지의 구간은 대류권으로, 대기권을 구성하는 거의 모든 기체가 대류권에 집중되어 있는데, 대기가 불안정하여 대류 현상과 기상 현상이 나타난다. 약 10~50km까지의 구간은 성층권으로, 아래에는 찬 공기가, 위에는 더운 공기가 있어 대기가 매우 안정적이다. 다만 오존층이 있어 태양에서 오는 자외선을 흡수하므로 기온이 쉽게 상승한다. 약 50~80km까지의 구간은 중간권이라 하는데, 대류 현상은 일어나지만 수증기가 없으므로 기상 현상은 일어나지 않는다. 지구로 들어오는 유성들이 공기의 마찰에 의해 가장 많이 타는 구간이다. 열권은 약 80~1000km까지의 구간으로, 공기가 희박하나 태양 복사 에너지를 흡수하여 온도가 매우 높다. 낮과 밤의 온도차가 매우 심하며, 오로라 현상이 나타난다.

 활동tip 할애된 시간에 따라, 개별작업 혹은 조별작업이 가능합니다. 지문을 읽고 이해한 다음, 어떤 정보를 이미지화할 것인지 논의할 수 있도록 지도해주십시오.

기억술의 이해와 적용

★ **기억술**

사람들이 기억을 더 잘하도록 도와주는 의도적인 방법이나 기술을 의미합니다.
다시 말하면 기억술이란 기억의 기술(skill) 혹은 전략(strategy)으로, 학습해야 할 내용이나
자료를 보다 효과적으로 기억하고 회상하는 데 도움을 주는 일종의 장치입니다.

★ **기억술의 종류**

장 소 법	외워야 할 정보들을 내가 잘 알고 있는 장소와 연결시켜 기억하는 방법
페그워드법	말뚝(peg) 역할을 하는 일련의 익숙한 단어들에다가 기억해야 할 사항을 결합시키는 방법
조 직 화 기법	아무 구분 없이 쭉 나열되어 있는 내용을 일정한 기준이나 특징에 따라 조직화하여 기억하는 방법
머릿글자 암기법	외워야 할 정보들의 대표적인 음(대부분은 첫 글자)들만 결합하여 쉽게 기억할 수 있도록 하는 방법
연 속 으로 이어서 외우기 방법	외워야 할 내용들만 가지고 어떤 연상이나 이야기를 만듦으로써 보다 쉽게 기억할 수 있는 방법

★ **기억술의 적용**

- 플 래 시 카드 기법
- 마인드맵(mind map)
- 그 림 으로 만들기

기억술의 적용 연습

– 아래의 내용을 읽은 뒤, 앞에서 배운 기억술을 적용하여 다시 정리해봅시다.
먼저 조직화 방법을 사용하여 정리한 다음, 이미지 기억술을 사용해서 내용을 정리해봅시다.

혈관의 종류

우리 몸에 있는 혈관의 종류는 크게 3가지로, 동맥, 정맥, 모세혈관으로 구성되어 있다. 동맥은 두껍고 탄성이 있는 근육질의 벽을 가진 구조로 되어 있으며, 심장으로부터 온몸으로 혈액을 운반하는 역할을 한다. 정맥은 얇은 근육질의 벽으로 되어 있고, 판막이 있으며, 온몸에서 심장으로 혈액을 운반한다. 한편 모세혈관은 한 층의 세포로 구성된 얇은 벽으로, 동맥과 정맥 사이에서 혈액을 운반한다. 또 조직액과 혈액 사이에서 물질을 교환하는 일도 한다.

▶ 기억술 적용 ❶ : 조직화 기법으로 위 내용 정리하기

▶ 기억술 적용 ❷ : 이미지 기억술로 위 내용 정리하기

핵심단어	수업내용 정리

핵심단어	수업내용 정리

핵심단어	수업내용 정리

핵심단어	수업내용 정리

핵심단어	수업내용 정리

핵심단어	수업내용 정리

핵심단어	수업내용 정리

핵심단어	수업내용 정리

핵심단어	수업내용 정리

박동혁

심리학박사
현) 아주대학교 교육대학원 겸임교수
　　 원광디지털대학 심리학과 초빙교수

– 아주학습능력개발연구실(ALADIN)
– 강남삼성의료원 정신과 인턴
– MBC 자지주도학습캠프
– 한국산업기술재단 연구기획위원회 자문위원
– 서울시 교육청 자기주도학습 프로그램 효과 검증
– 심리학습센터 '마음과 배움' 소장
– 허그맘 심리상담센터 대표원장

〈저서 및 연구〉

『최강공부법』(웅진씽크하우스, 2006)
『좋은 공부습관 만들기 워크북』(KPTI)
　램프학습플래너(EBS)
　MLST 학습전략검사(가이던스)
　AMHI 청소년인성건강검사(가이던스)
　KMDT 진로진학 진단검사(진학사)
　LMDT 학습동기검사(진학사)
「학습습관향상 프로그램이 청소년의 학업성취와 정신건강에 미치는 효과」(2000)
「청소년 정신건강의 사회적 요인」(2002)
「대학생 시간관리 행동 척도의 개발과 타당화」(2006)
「예방과 촉진을 위한 청소년 정신건강 모형의 탐색」(2007)

LAMP WORKBOOK
PART 4 IE
정보처리 능력 향상 프로그램 (교사용)

2014년 5월 15일 1판 1쇄 발행
2024년 1월 25일 1판 4쇄 발행

지은이 • 박 동 혁
펴낸이 • 김 진 환
펴낸곳 • (주) **학지사**

04031 서울특별시 마포구 양화로 15길 20 마인드월드빌딩 5층
대표전화 • 02) 330-5114   팩스 • 02) 324-2345
등록번호 • 제313-2006-000265호

홈페이지 • http://www.hakjisa.co.kr
인스타그램 • https://www.instagram.com/hakjisabook/

ISBN 978-89-997-0408-6 04370
       978-89-997-0401-7 (set)

정가 **12,000원**

출판미디어기업 **학지사**

간호보건의학출판 **학지사메디컬** www.hakjisamd.co.kr
심리검사연구소 **인싸이트** www.inpsyt.co.kr
학술논문서비스 **뉴논문** www.newnonmun.com
원격교육연수원 **카운피아** www.counpia.com